ALBERT METZGER
MEMBRE DU CERCLE DE LA LIBRAIRIE DE PARIS

LA CONVERSION DE Mme DE WARENS

Son père spirituel, Mgr de Rossillon de Bernex.

Son séjour à la Visitation d'Annecy.

La vérité sur la conversion d'après le témoignage du mari.

La famille et l'entourage de Mme de Warens.

Son habitation à Annecy.

Le Miracle de 1729.

Mme de Warens en surveillance.

La sincérité de sa conversion.

D'APRÈS

des lettres inédites et les documents de l'époque.

FETSCHERIN et CHUIT, Editeurs
LIBRAIRES DE LA BIBLIOTHÈQUE DES BEAUX-ARTS
18, rue de l'Ancienne-Comédie, 18
PARIS

LA CONVERSION

DE

MME DE WARENS

Je prie instamment toute personne ayant des rectifications à faire à ce livre, ou des documents nouveaux à produire, de vouloir bien me les adresser. Il en sera tenu compte aux volumes suivants.

ALBERT METZGER, publiciste,
66, place Saint-Léger, Chambéry.

EN PRÉPARATION :

PENSÉES DE MADAME DE WARENS

d'après le texte du général Doppet,
avec un portrait inédit, peint par Largillière, reproduit
en photogravure par Goupil.

Albert METZGER
Membre du Cercle de la Librairie de Paris.

LA CONVERSION DE Mme DE WARENS

Son père spirituel, Mgr de Rossillon de Bernex.

—

Son séjour à la Visitation d'Annecy.

—

La vérité sur la conversion d'après le témoignage du mari.

—

La famille et l'entourage de Mme de Warens.

—

Son habitation à Annecy.

—

Le Miracle de 1729.

—

Mme de Warens en surveillance.

—

La sincérité de sa conversion.

D'APRÈS

des lettres inédites et les documents de l'époque.

FETSCHERIN et CHUIT, Éditeurs
LIBRAIRES DE LA BIBLIOTHÈQUE DES BEAUX-ARTS
18, rue de l'Ancienne-Comédie, 18
PARIS

A

Monsieur Eloi SERAND,

Archiviste de la Société florimontane d'Annecy,

hommage respectueux,

A. M.

Ce livre a pour but de ramener à ses proportions humaines la figure historique de Madame de Warens et de préparer l'édition critique des livres II à VI, 1re partie, des Confessions. *Il est très délicat de juger une femme coupable. Notre travail se bornera donc à citer les documents. Ils parleront, mieux que tout commentaire, le langage de la vérité. La conscience du lecteur suppléera au laconisme du livre.*

Le premier chapitre nous présente un curieux tableau de l'état social de la Savoie, peu d'années après la mort de Madame de Warens et de Jean-Jacques. Il fixe le paysage naturel des Charmettes, après leur idylle. Au deuxième, se déroule le récit officiel de la conversion de la baronne, tel que le clergé le mit en œuvre. Au troisième, les extraits curieux, que fournit à la critique la biographie de l'évêque convertisseur, donnent une idée exacte du caractère de la vie religieuse à Annecy, au début du XVIIIe siècle. Rousseau vécut dans cette atmosphère mystique. Il est curieux de rapprocher les indiscrétions des Confessions, *au sujet de Madame de Warens, de la naïveté du père Boudet. Son évêque, subissant pendant trois heures l'assaut d'une femme " distinguée par sa naissance et sa beauté ", nous permet de croire, en pensant aux divulgations de Jean-Jacques, que de semblables indiscrétions se commettaient alors, couramment, sans penser à mal. Point essentiel, qui se dégage des faits : François de Sales avait amené Jeanne de Chantal à la vie religieuse ; l'évêque de Bernex crut avoir trouvé l'étoffe d'une sainte en Madame de Warens. Il se trompa. La dame ne fut pas le fleuron de sa couronne céleste ; par contre, la*

A

Providence voulut qu'elle couvât un aiglon étrange, le père futur de la Révolution française.

L'acte de renonciation de Madame de Warens à sa fortune est interprété, à fond, par le mari, dans la terrible lettre qui donne le véritable motif de la conversion. Tout commentaire de cette lettre serait une superfétation. Elle dévoile le mobile qui poussait certains nouveaux convertis, et, concernant la Visitation, anéantit la légende, mise en œuvre par la baronne, consignée par Rousseau, recueillie par Doppet. Le passage où le mari dit que " après un long dialogue, elle s'y prit de telle façon qu'elle le porta à avoir quelque condescendance pour elle ,, prouve que la dame connaissait l'argument ad hominem. *Elle devait en user, du reste, fréquemment, selon les circonstances. Sa famille, sa naissance, son éducation la portaient à vivre la vie d'une honnête femme ; elle ne le voulut pas et ne sut se plaire, ni chez les siens, ni à la Visitation, ordre dont un curieux chapitre donne les éléments, de 1634 à 1791. L'évêque la protégea constamment ; le miracle de 1729 et son testament témoignent de son incessante sollicitude. Mais le roi de Sardaigne, tout en la pensionnant, ne cessa de faire surveiller les agissements de la convertie. A la Cour, on ne fut pas complètement dupe d'elle. Cependant sa conversion parut sincère à la plupart des contemporains, ainsi que le prouve la lettre de M. de Conzié, qui termine notre volume. Le gentilhomme savoyard s'étonne que Rousseau ne se soit pas privé de tout, pour venir en aide à sa bienfaitrice. Peut-être, dans sa pauvreté, Jean-Jacques avait-il mieux à faire que de fournir des ressources au faux ménage du perruquier bernois, qui se faisait appeler le chevalier de Courtilles. Le lecteur en jugera. Il fera la critique exacte des documents, que ce livre publie, en écoutant simplement la voix de sa conscience.*

UN PÈLERINAGE
AUX CHARMETTES
EN 1789

EXTRAIT MORTUAIRE DE Mme DE WARENS

UN PÈLERINAGE
AUX CHARMETTES
EN 1789

EXTRAIT MORTUAIRE DE Mme DE WARENS

—

Il existe, à la Bibliothèque de Chambéry, sous le n° 3168, un curieux ouvrage d'Arthur Young, intitulé : *Voyage en France pendant les années 1787-88-89 et 90*. Paris, chez Buisson, 1793, 3 volumes. — Né dans le comté de Suffolk, le 7 septembre 1741, mort à Londres, le 12 avril 1820, le célèbre agronome anglais visita Chambéry et fit un pèlerinage aux Charmettes, le 24 décembre 1789.

Par un hasard heureux, dit Léonce de Lavergne, l'époque de ce voyage de Young, en France, a coïncidé avec le commencement de notre Révolution, et il n'existe dans nul autre ouvrage que le sien une peinture aussi vivante de notre grand mouvement national. Tout se réunit donc pour faire de sa relation un véritable monument, surtout pour nous, Français, qui ne possédons dans notre langue aucun document aussi complet sur l'état de notre pays en 1789.

Voici le passage concernant Chambéry, la Savoie, les Charmettes et Mme de Warens. Il est extrait du tome II, pages 88-94. Nous en respectons scrupuleusement l'orthographe :

« Le pays (d'Aiguebelle) jusqu'à Chambéry est beaucoup meilleur ; les montagnes, quoiqu'encore élevées, semblent graduellement se reculer ; les vallées s'élargissent et les côteaux sont mieux cultivés ; et vers la capitale de la Savoie, il y a plusieurs maisons de campagne qui animent la scène. Audessus de Maltaverne est Château-Neuf, maison de la comtesse de ce nom. Je fus fâché de voir, dans le village, un carcan ou poteau seigneurial, auquel sont attachés une chaîne et un gros collier de fer, marque de l'arrogance de la noblesse et de l'esclavage du peuple. Je demandai pourquoi on ne l'avoit pas brûlé avec toute l'horreur qu'il méritoit? Cette question n'excita pas la surprise à laquelle je m'attendois, ce qui seroit arrivé avant la révolution française. Cela amena une conversation par laquelle j'appris que, dans la haute Savoie, il n'y avoit pas de seigneurs, et que les habitants étoient en général à leur aise, possédant de petites propriétés, et que la terre, en dépit de la nature, rapportoit presque autant que dans les pays moins élevés, où le peuple est pauvre et mal à son aise. J'en demandai la raison ? *Parce qu'il y a par-tout des seigneurs.* Quel vice, ou plutôt quelle malédiction, que les nobles, au lieu d'être les bienfaiteurs de leurs pauvres voisins, n'en soient que les tyrans par leurs abominables droits féodaux ! N'y a-t-il donc rien que des révolutions, où l'on brûle leurs châteaux, qui puisse les engager à accorder à la raison et à l'humanité ce qu'on leur arrachera par la violence et par des émeutes ? Nous avions arrangé notre voyage de manière a arriver de bonne heure à Chambéry, afin de voir ce qu'il y avoit de plus intéressant dans la ville, qui ne possède pas grand'chose ; c'est la résidence d'hiver de presque toute la noblesse de Savoie. La meilleure terre du duché ne rapporte pas plus de 60,000 liv. piémontaises de rente ; mais avec 20,000 liv. de rente on vit ici en grand seigneur. Quand un gentilhomme de campagne a 150 louis de rente, il passe ordinairement trois mois en ville ; ce qui fait qu'il en passe neuf fort mal à son aise à la campagne, afin de faire une pauvre figure pendant les trois autres à la ville. Ces fainéans sont cet hiver bien trompés, parce que la Cour a refusé d'admettre une compagnie de comédiens français comme à l'ordinaire ; — le gouvernement craint d'importer parmi les rudes montagnards l'esprit de liberté des Français. Est-ce foiblesse ou politique ? Mais Chambéry a, pour moi, des objets plus intéressans. Je brûlois de voir les Charmettes, le chemin, la maison de Mme de Warens, le vignoble, le jardin, en un mot, tout ce qui avoit été décrit par le pinceau de l'inimitable Rousseau. Il y avoit quelque chose de si délicieux, de si aimable dans son caractère, malgré ses foiblesses, — sa constante gaieté et sa bonne humeur,—sa tendresse et son humanité, — ses spéculations d'agriculture ; — mais sur-tout l'amour de Rousseau a écrit son nom parmi le petit nombre des êtres dont la mémoire est unie avec la nôtre par des liens qu'il est plus aisé de sentir que de décrire. La maison est à environ un quart de lieue de Chambéry, en face du chemin plein de rochers qui conduit à cette ville, et le bois de châtaigniers est dans la vallée. Elle est petite et à peu-près de la même grandeur qu'on bâtiroit, en Angleterre, une maison dans une ferme de cent arpens, sans le moindre luxe ou la moindre prétention ; et le jardin d'arbrisseaux et de fleurs est borné, et sans ostentation. La scène est agréable, étant si près d'une ville, et cependant, comme l'observe ce célèbre auteur, tout-à-fait isolée. Elle ne pouvoit que m'intéresser, et je la contemplai avec émotion ; elle me plut, quoique nous fussions dans la tristesse sans feuillage de décembre. Je parcourus quelques côteaux, qui étaient sûrement les promenades qu'il a si agréablement décrites. Je retournai à Chambéry, le cœur plein de Mme de Warens. Nous avions avec nous un jeune médecin, appelé M. Bernard, de Modane en Maurienne; c'étoit un homme aimable, qui avoit des liaisons à Chambéry ; je fus fâché de voir qu'il ne savoit rien du tout à ce sujet, sinon que Mme de Warens étoit morte. Je me procurai, avec quelques difficultés, le certificat suivant :

« *Extrait du registre mortuaire de la paroisse de Saint-Pierre de Lemens.*

« Le 30 juillet 1762, fut enterrée, dans le cimetière de Lemens, dame Louise-Françoise-Eléonore de la Tour, veuve du seigneur-baron de Warens, née à Vevay, dans le canton de Berne, en Suisse, qui mourut hier à dix heures du soir, comme une bonne chrétienne, après avoir reçu les derniers sacremens, âgée de soixante-trois ans. Elle avoit abjuré la religion protestante depuis environ trente-six ans, et avoit depuis vécu dans la nôtre. Elle termina sa carrière dans le fauxbourg Nesin, où elle résidoit depuis huit ans dans la maison de M. Crépine; elle a demeuré auparavant au Reclus pendant environ quatre ans, maison du marquis d'Alinge : elle a, depuis son abjuration, passé le reste de sa vie dans cette ville.

« *Signé* GAIME, curé de Lemens. »

« Je soussigné, curé actuel de ladite paroisse de Lemens, certifie avoir transcrit le présent du registre mortuaire de la paroisse de ladite place, sans y rien ajouter ou retrancher, et, après l'avoir collationné, l'avoir trouvé conforme à l'original; en foi de quoi j'ai signé le présent. A Chambéry, le 24 décembre 1789.

« *Signé* A. SACHOD, curé de Lemens. »
— Huit lieues.

Le 25. Je quittai Chambéry assez mécontent de ne pas en avoir vu davantage. Rousseau parle bien des habitants (1), et j'aurois

(1) S'il est une petite ville au monde où l'on goûte la douceur de la vie dans un commerce agréable et sûr, c'est Chambéry. (Rousseau, *Confessions*. — Note de Young.)

désiré les mieux connoître. Ce fut le plus mauvais jour que j'eusse éprouvé depuis plusieurs mois ; un dégel froid, avec de la neige et de la pluie ; et cependant, dans cette affreuse saison, quand la nature offre à peine un sourire, les environs étoient charmans : tout étoit collines et vallons, couverts de tant d'arbrisseaux et d'herbes sauvages, que les traits étoient assez hardis pour l'irrégularité d'une scène de forêt ; elle étoit néanmoins tellement adoucie par la culture et les habitations, qu'elle paraissoit magnifique. Le pays est enclos jusqu'à la première ville de France, Pont-de-Beauvoisin, où nous dinâmes et couchâmes. Le passage d'Echelles, taillé dans le roc par le souverain du pays, est un ouvrage noble et prodigieux. Nous arrivons à Pont-de-Beauvoisin et entrons encore une fois dans ce noble royaume, où nous rencontrons les cocardes de la liberté, et des armes entre les mains du *Peuple;* puisse-t-il s'en servir pour assurer sa tranquillité et celle de l'Europe ! — Huit lieues.

—

LA CONVERSION

DE MADAME DE WARENS

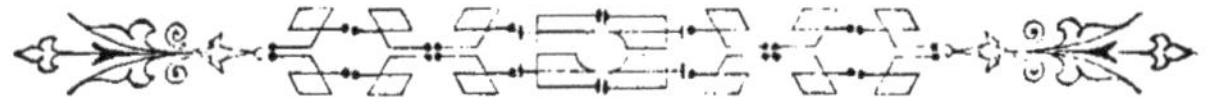

LA CONVERSION

DE MADAME DE WARENS

Claude Boudet, chanoine régulier de Saint-Antoine, à Lyon, a publié divers ouvrages, entre autres : *La vie de M. de Rossillion de Bernex, évêque et prince de Genève,* — à Paris, chez Michel Lambert, rue Saint-Jacques, MDCCLI (1751), — inscrit au N° 4367 de la Bibliothèque de Chambéry. Il dit dans la préface : « Je l'ai achevée (cette histoire) en 1742, mais divers contretems, qu'il est inutile de rapporter ici, en ont retardé l'impression jusqu'à ce jour. » Claude Boudet connut personnellement Mme de Warens ; voici comment il raconte sa conversion, dans la seconde partie de son ouvrage, au livre VII, pages 119 à 128 :

« A Evian, où il étoit allé présenter ses respects au Roi, qui s'y étoit rendu avec toute sa Cour, M. de Bernex fit une de ces conversions éclatantes dont le récit mérite de passer à la postérité.

« Françoise-Louise-Eléonore de la Tour, baronne de Warens, qui en fait le sujet, nâquit à Vevay dans le canton de Berne ; sa famille est marquée parmi les plus illustres du pays de Vaud. Comme elle étoit fille unique, son père s'appliqua avec d'autant plus de soin à lui donner une belle éducation. Les talens de la jeune Demoiselle ne tardèrent pas à se développer. Un esprit vif et pénétrant, un cœur bon et naturellement vertueux ne trouvent pas beaucoup de goût dans les amusements ordinaires au sexe ; aussi Mlle de la Tour, qui possédoit ces rares qualités dans un degré éminent, se livra-t-elle à des occupations plus solides. La lecture faisoit ses délices. Elle étoit assez instruite, pour lire avec fruit ; elle avoit une mémoire assez heureuse, pour conserver long-tems le souvenir de ce qu'elle avoit lû. Quoique la variété de ses connoissances lui rendit agréable tous les bons ouvrages, sur quelque matière qu'ils fussent écrits ; cependant elle avoit un attrait particulier pour les livres qui traitent de la Religion. C'est ce qui l'engagea à lire attentivement l'Ecriture sainte, et à l'apprendre presque toute entière par cœur.

« Ayant ensuite étudié l'origine et les principes des différens cultes, qui partagent le monde chrétien ; elle eut bientôt lieu de soupçonner la fausseté de la Religion Protestante, dans laquelle elle étoit née. Elle entrevit du même coup d'œil, que le salut ne pouvoit être assuré que dans la communion de l'Eglise Romaine. Ces premières impressions restèrent gravées au fond de son cœur, malgré la diversion causée par les objets flatteurs qui l'environnaient. En effet, comme Mlle de la Tour joignoit à la solidité de l'esprit les charmes de la figure les plus engageans, et que d'ailleurs, elle étoit l'unique héritière de l'un des plus riches et des plus nobles citoyens de Vevay, elle fut recherchée par une foule de concurrens, entre lesquels le Baron de Warens obtint la préférence.

« Le contentement qu'il en eut, fut un peu altéré par les fréquentes indispositions de sa nouvelle épouse. Outre qu'elle étoit d'un tempérament délicat, une chute qu'elle avoit faite dans ses premières années, la rendait sujette à divers accidens. On chercha les moyens d'y remédier. Les Médecins conseillèrent les eaux d'Aix, et l'ordonnance fut exécutée. A son retour, la Baronne passa par Annecy. Un mouvement de curiosité la porta à visiter les reliques de S. François de Sales dans l'église du premier Monastère de la Visitation. C'est là qu'elle sentit l'attrait de la grâce, qui l'invitoit à renoncer aux erreurs, dans lesquelles le malheur de sa naissance l'avoit engagée. Elle conçut dès-lors le dessein de les abjurer, lorsqu'elle auroit trouvé le moyen de le faire sûrement.

« Son retour à Vevay y ramena la joye et les plaisirs ; car c'était elle qui y faisait l'agrément des meilleures sociétés. Sa douceur, son enjouement, son goût et son génie rendoient sa conversation aussi utile qu'amusante. L'année suivante, on lui ordonna de prendre une seconde fois les eaux. Elle se rendit pour cela à Amphion, qui est un lieu peu éloigné d'Evian, où la Cour se trouvoit alors, de même que M. de Bernex, comme je l'ai dit ci-devant.

« La présence de la Cour attiroit à Evian les personnes qualifiées des Provinces voisines. Lorsque la Baronne de Warens eut pris les eaux, elle s'y rendit, sans autre dessein que celui de s'amuser pendant quelques jours, car elle n'avoit point encore déterminé le tems, où elle devoit rentrer dans l'Eglise catholique.

« Elle assista fortuitement à un sermon, que l'Evêque de Genève prêcha dans l'église d'Evian, en présence de la Cour, où il traita à dessein plusieurs points de controverse, parce qu'il n'ignoroit pas qu'il y avoit beaucoup de Protestants dans son auditoire, et qu'il voulut essayer d'en toucher quelques-uns. Cette tentative eut tout le succès possible par rapport à Mme de Warens. L'heure où elle entendit ce discours fut l'époque de son entière conversion. Il s'éleva néanmoins dans son esprit bien des doutes, qu'elle espéra de résoudre aisément par le moyen de celui dont Dieu s'étoit servi pour la retirer de l'erreur.

« Dès que M. de Bernex fut retiré chez lui, elle lui fit demander secrètement audiance, et le prévint, sur ce qui devoit en faire le sujet. Le Prélat, qui sçavoit qu'il est des momens précieux, qu'il ne faut point laisser échapper, lui accorda sa demande à l'instant et la détermina au sacrifice que sa conscience exigeoit d'elle. L'Evêque de Genève attribua cette victoire à l'intercession de la Sainte Vierge, à qui il avoit adressé une prière courte et fervente ; ayant remarqué, durant l'entretien qu'il eut avec la Baronne de Warens, qu'elle étoit placée sous un tableau représentant la Mère de Dieu ; il se prêta néanmoins aux tempéramens, que la prudence sembloit exiger, dans la circonstance où se trouvoit la nouvelle Prosélyte. Il consentit qu'elle retournât promptement à Vevay, avant que de déclarer sa conversion, et qu'elle mit ordre à ses affaires, pour avoir le moyen de subsister honorablement en Savoye, où elle avoit résolu de se retirer.

« La Providence en disposa autrement. Malgré les précautions que Mme de Warens avoit prises pour cacher ses démarches, elle fut à peine sortie de l'appartement du Prélat, que la nouvelle de son changement devint publique Dès le lendemain, ses domestiques l'abandonnèrent pour aller à Vevay, où cet événement avoit déjà jetté le trouble et la consternation.

« Ce contre-tems inopiné, loin d'ébranler la résolution de la Baronne, ne servit qu'à raffermir son courage. Elle comprit, qu'en persistant dans le dessein de quitter la Religion Protestante, elle n'auroit aucun secours à espérer de sa famille. Mais cette vûe ne l'étonna point. Elle fit à Dieu un généreux sacrifice de tous ses biens, dont en effet elle n'a jamais pû retirer la plus petite partie.

« Cependant, la tristesse des habitants de Vevay s'était changée en fureur; ils vouloient à quelque prix que ce fut, ravoir celle qui faisoit l'objet de leurs regrets; et dans leurs premiers transports, ils ne parloient pas de moins que de l'enlever à main armée au milieu de la Cour, et de brûler Evian. On en vit même le soir un grand nombre attroupés sur le Port. Ces mouvemens, qui pouvoient avoir des suites, firent dire au Roi parlant à l'Evêque de Genève : « *Vos conquêtes, Monsieur, sont bien bruyantes.* » Pour prévenir le désordre, Sa Majesté fit partir sur-le-champ Mme de Warens, et lui donna sa litière avec quarante de ses gardes, qui lui servirent d'escorte et la conduisirent à Annecy. C'est dans cette ville, que le Roi lui accorda sa protection dans les termes les plus flatteurs, et lui assigna une pension, qui est une preuve éclatante de la piété et de la générosité de ce Monarque, quoiqu'elle n'ôte point à Mme de Warens le mérite d'avoir abandonné de grands biens, et une situation brillante au sein de sa patrie, pour suivre le Seigneur dans une terre étrangère.

« Ce Prince a réitéré plusieurs fois les mêmes assurances à cette Dame. Il lui a offert d'augmenter sa pension pour la mettre en état de vivre d'une manière conforme à sa naissance, si elle vouloit entrer au Palais au service de la Reine. Mais Mme de Warens témoigna qu'elle étoit désormais insensible aux honneurs et aux faveurs de la fortune : c'est sur ces maximes de détachement et de modération, qu'on l'a vûe se conduire depuis sa conversion.

« M. de Bernex avait chargé le Supérieur du Séminaire du soin de son instruction, qui ne fut ni longue ni pénible. Son application, jointe à ses dispositions naturelles, la mirent bientôt en état de faire son abjuration. Le 8 septembre, jour de la fête de la Nativité de la Sainte Vierge, Mme de Warens rétracta publiquement les erreurs, dont elle avait fait profession. L'Evêque de Genève présida à cette cérémonie dans l'Eglise de S. François de Sales; et après avoir administré tout de suite le Sacrement de Confirmation à la nouvelle Convertie, il en prit occasion de faire une instruction pathétique aux assistans. La Princesse Louise-Eleonore de Hesse-Rheinfels, sœur de la Princesse de Piedmont, laquelle avoit fait les fonctions de Maraine, et les Dames qui étoient présentes, ne purent retenir leur larmes, au récit détaillé que fit notre Prélat des circonstances singulières qui avoient accompagné cette conversion, et elles applaudirent aux justes éloges du courage héroique, avec lequel Mme de Warens avoit répondu aux inspirations de la grace. L'exemple et les exhortations de cette Dame, valurent dans la suite bien d'autres triomphes à la foi Catholique. La Cour en ayant été informée par les relations de M. de Bernex, il reçût la lettre qu'on va lire, écrite par le premier chapelain du Roi, le 18 Décembre. « Monsieur, j'ai cent vingt livres pour la « pension d'une année de la petite nouvelle « Convertie que Mme de Warens tient au pre- « mier Monastère de la Visitation. Je n'ai « pas manqué de faire remarquer au Roi le « zèle de cette pieuse Dame pour la conver- « sion des ames, qu'elle a laissées dans le « pays de Vaud; et je ne doute pas que Sa « Majesté ne continue d'assister ceux qu'elle « attirera à notre sainte Religion, etc. »

« Le bruit de ces succès s'étant répandu dans les Provinces voisines, combla de joye tous les bons Catholiques. M. de Bernex reçût à cette occasion les complimens de MM. les Evêques de Belley et de Maurienne. Ce dernier, François-Hyacinthe de Valpergue, voulant avoir part à ces bonnes œuvres, constitue, de son propre mouvement et sans en être sollicité, une pension de 200 livres à Mme de Warens, laquelle a été exactement payée pendant la vie de ce Prélat. Selon les termes de son Testament, la pension devoit être continuée après sa mort; mais ses héritiers (j'ignore sur quel fondement) se sont dispensés d'exécuter cette disposition. Mme de Warens, qui conserve dans un état médiocre les sentiments généreux que sa naissance lui a inspirés, n'a fait aucune démarche pour s'assurer la jouissance de ce legs.

« M. de Bernex a pareillement donné à cette Dame des marques de sa libéralité. Outre les secours abondans qu'il lui a procurés durant sa vie, il lui a légué par testament une rente viagère, hypothequée sur les meilleurs effets de sa succession.

« Pour satisfaire pleinement la curiosité du lecteur sur l'article de Mme de Warens, j'ajouteroi, qu'après avoir demeuré plusieurs années à Annecy, cette Dame s'est retirée à la campagne, près de Chambéri, dont l'air convient mieux à sa santé. C'est là que j'ai eu l'honneur de la saluer au mois d'Avril 1742, et d'apprendre de sa bouche quelques circonstances de sa conversion. Elle ne parle de M. de Bernex qu'en des termes qui expriment la reconnoissance et le respect, quelle conserve pour sa mémoire. Elle se rappelle les vertus qu'elle a admirées autrefois dans ce grand Evêque ; et elle tâche de l'imiter dans son zèle pour la Religion, dans son détachement du monde, et dans sa charité envers les pauvres.

« Les soins que ce Prélat fut obligé de prendre, pour consommer l'ouvrage de la conversion de Mme de Warens, l'empêcherent de commencer les visites Pastorales de cette année, avant le premier d'Octobre... »

Tout le monde, à Annecy, connaît l'hôtel de Savoie. Avec le presbytère de Saint-Maurice et le pâté de maisons compris entre la place de l'Hôtel-de-Ville et celle de Saint-François, il formait, autrefois, le premier Monastère de la Visitation, établi, là, dès 1612, lorsqu'il dut quitter la maison de la Galerie. L'édifice fut commencé en 1614, l'église consacrée en 1618, année de la reconnaissance de l'Institut comme ordre religieux. Le corps de saint François y fut rapporté de Lyon en 1623, et celui de sainte Chantal ramené de Moulins en 1641. Le monastère et l'église reçurent de considérables agrandissements dès 1643. On y reconnaît encore la façade de l'église, consacrée en 1648 par Charles-Auguste de Sales, qui y fut enseveli. Mgr de Rossillon de Bernex reçut l'abjuration de Mme de Warens, dans cette église, le 8 septembre 1726.

LE
PÈRE SPIRITUEL
DE MADAME DE WARENS

MONSEIGNEUR DE ROSSILLON DE BERNEX

LE PÈRE SPIRITUEL DE MADAME DE WARENS

MONSEIGNEUR DE ROSSILLON DE BERNEX

—

Le chanoine Jean-Louis Grillet nous donne la biographie du père spirituel de Madame de Warens dans le tome II de son *Dictionnaire historique, littéraire et statistique des départemens du Mont-Blanc et du Léman,* publié à Chambéry, chez J.-F. Puthod, en 1807, pages 205 et 206, à l'article :

« *Château-Blanc*, maison de campagne avec parc, situé dans la commune de Thônex, entre Chêne et le pont de Sierne, dans l'arrondissement de Genève, département du Léman, où naquit, le 16 novembre 1657 :

« *De Rossillon de Bernex* (Michel-Gabriel), 107e évêque de Genève. Il entra chez les chanoines réguliers de S. Antoine de Vienne, qui l'envoyèrent professer la théologie à Toulouse. Il fut nommé primicier de l'église de la Roche, l'an 1677, et évêque de Genève, l'an 1697. Il rétablit d'abord dans son diocèse les fonctions des archiprêtres, sur le plan conçu par S. François de Sales; usa de toute la charité et de toute la prudence possible envers le P. Romeville et les Jésuites de la Roche, dans la chapelle desquels il s'étoit répandu qu'il s'opéroit des miracles, par l'intercession de S. François-Xavier. Il publia, à ce sujet, une Lettre pastorale, où est admirablement développée la doctrine de l'Eglise, sur l'invocation des Saints, et sur les précautions qu'elle exige pour reconnoître les vrais miracles.

« Sa charité pour les pauvres prêtres, infirmes ou incapables de continuer leurs fonctions dans le S. Ministère, lui suggèra les moyens de pourvoir à leur subsistance, par la fondation d'un hospice qui fut établi l'an 1734.

« Plein de mérite et de bonnes œuvres, il mourut en odeur de sainteté, à Annecy, le 23 avril 1734.

« Sa vie a été écrite par M. Boudet, chanoine de S. Antoine, et imprimée à Paris, l'an 1751, en un vol. in-12.

« Nous avons de Mgr de Bernex ;

« 1° *Lettre-circulaire au clergé du diocèse de Genève, sur les bruits répandus de plusieurs grâces et guérisons obtenues au collège de la Roche, du 11 novembre 1702*, in-4° ;

« 2° *Lettre pastorale sur l'instruction et le devoir des prédicateurs*, in-4°, Annecy, 1708 ; plusieurs mandemens, etc. »

Cet évêque était le fils d'une femme tres pieuse. Voici comment Claude Boudet raconte la mort de la marquise, sa mère :

« Les sentiments chrétiens dont elle parut pénétrée en mourant, étoient seuls capables de calmer les regrets de son époux et de sa famille affligés. Les vertus qu'elle a pratiquées pendant sa vie, semblent répondre du bonheur dont elle jouit dans le ciel; mais cette présomption se trouve extrêmement fortifiée par le témoignage d'un saint religieux (1), qui a dirigé sa conscience durant plusieurs années. Il étoit à Rome lorsque Dieu appella la marquise de Bernex, qui lui apparut la nuit même de son décès et lui déclara que *le Seigneur lui avait fait miséricorde*. C'est ce qui a été rapporté dans la suite par ce religieux même à M. de Bernex, lequel l'a depuis raconté diverses fois aux personnes qu'il honorait de sa confiance (2). » Liv. I, § 10, p. 41.

L'évêque eut une jeunesse bien extraordinaire. Nous citons encore Boudet, première Partie, liv. I, § 21, pages 53-54 :

« Cette faveur fut bientôt suivie d'une autre non moins remarquable. Elle est rapportée par un de ses condisciples, qui en a été le témoin oculaire (3). Un jour de congé il accompagne Michel-Gabriel à la promenade, avec quelques autres écoliers. Ils s'ar-

(1) Pierre de Guy de Bois, religieux feuillant, qui a vécu avec la réputation d'un grand homme de bien.

(2) Ce fait est rapporté dans les Mémoires manuscrits de M. de Bernex.

(3) M. de Servetaz, curé de Xaves en Genevois, et ensuite de Boussy près de Rumilly, homme éclairé et d'une probité exacte. *(Notes de Claude Boudet.)*

rêterent quelques tems dans le Monastère des Bernardines, où la sœur Touriere, qui connoissoit la famille du jeune de Bernex, les invita à se reposer, et leur offrit des rafraichissements. Au retour, Michel-Gabriel étant arrivé à la croix nommée *de la Puya*, se mit à genoux pour faire une courte prière. Alors une colonne de feu descendit du ciel et investit sa tête d'une lumière éclatante. Le prodige fut aperçu par l'un de ceux qui étoient restés derrière lui, tandis que les autres avoient pris les devans. Saisi d'une respectueuse frayeur, il n'ose point en parler : ce ne fut qu'en l'année 1713, lorsque M. de Bernex occupait le siége de Genève depuis plusieurs années, qu'il en donna les détails au Prélat dans un écrit signé de sa main (1). »

Ces faits, — et bien d'autres, — étaient de notoriété publique. La Bibliothèque de Cham-

(1) En 1713, M. de Servetaz fut chargé de l'oraison synodale, ce qui lui donna occasion d'entretenir M. de Bernex, et de lui raconter le fait dont il avait été témoin. Le Prélat lui ordonna de garder le silence là-dessus ; c'est ce qui a été religieusement observé : mais l'écrit de M. Servetaz a été trouvé parmi ses papiers. *(Note de Claude Boudet.)*

béry possède, saus le n° 2591, Miscellanée Savoisien, l'*Oraison funèbre de Monseigneur l'illustrissime et reverendissime Michel-Gabriel de Bernex, évêque et prince de Geneve.* Faite et prononcé par Monsieur le Prieur *de Benevis*, chanoine de l'Eglise cathedrale de St-Pierre de Geneve, le 26 avril 1735, A Annessi, chez Jean-Baptiste Burdet, imprimeur du clergé.

Nous y lisons, aux pages 10 et 11 :

« Les joyes saintes lui rendirent tout le reste insipide, et lui firent prendre pour le monde un esprit d'indiference et de détachement, lui fesant connoître tous les dangers auxquels on y est exposé. Non moins effraïé à la vuë de ces dangers que ne le fut autrefois Elie par les menaces de l'impie Jesabel, il veut comme le prophete fuïr et s'éloigner : s'étant donc choisi quelques uns de ses compagnons, soutenu du pain des forts qu'il vient de recevoir, il sort de cette ville, et prend avec autant de courage et de force que ce même Prophete le chemin de la Montagne ; mais ô grâce de mon Dieu que vos Jugemens sont incomprehensibles et vos voïes impenetrables ; quoique la victime fut bien preparée, le tems marqué par vòtre providence n'est pas encore arrivé, vous ètes content de cet Isaac mais vous reservez pour un autre tems l'accomplissement de son sacrifice ; vous voulez qu'il connoisse parfaitement ce qu'il veut quitter pour vous suivre ; déjà dans un tems calme et serain, le Ciel se couvre, les Eclairs brillent, le Tonnerre gronde, ses fidelles compagnons se troublent, et palissent et ne sont pas saisis d'une moindre crainte lorsqu'ils virent cet illustre compagnon environné tout d'un coup d'une colomne de feu que celle dont furent saisis les trois Disciples lorsqu'ils virent Jesus-Christ, Moïse et Elie environnés de cette colomne de feu qui les couvrit tous trois lors de la transfiguration *Et timuerunt intrantibus in nubem*. Lui seul nullement abbatu ni effraïé par leurs cris, instrui au contraire des desseins de la providence sur lui, et sentant ce feu divin qui l'embrasoit il redouble son ardeur pour le service de Dieu, rassûre ses compagnons, leur fesant sentir que Dieu par ce prodige veut leur marquer que l'heure et le tems d'accomplir leurs pieux desseins n'est pas encore venu : il retourne donc dans la maison de ses parens qui voient avec un contentement indicible ce jeune disciple de Jesus-Christ, comme lui, avancer autant dans la vertu qu'il avançoit en âge. »

En marge : « Reg., lib. 3, cap. 19,
Ext. de ses mémoires
Reg. 3, cap. 19.
Gen. 22, vers. 12.
le même est arrivé à Elie, Reg. 3, cap. 19,
vers. 11 et 12.
Luc. 9,
vers. 34.
nundum venit hora mea, Joan. 2, vers. 4.
Proficiebat, etc. Luc. 2, vers. 52. »

De Rossillon de Bernex avait alors douze ans et venait de faire sa première communion. Avant cet âge, l'*Oraison funèbre* dit de lui, page 8 :

« L'exercice de la priere et de l'oraison, lui communiqua bien-tôt l'éminente science de Jesus-Christ, y contemplant sans cesse la gloire du Seigneur, il se transformoit en la même image, et s'élevoit toûjours de clarté en clarté par l'illumination du Saint-Esprit; de sorte que proportion gardée oserois-je dire de nôtre Prélat, ce qui est dit du fils de Dieu transfiguré sur le Tabor ? Que pendant qu'il fesoit sa priere son visage parut tout autre. *Facta est dum oraret species vultus ejus altera.*

2. Ad. Cor. cap. 3. vers. 18, Luc. 9. vers. 29.

« Mais pourquoi ne l'oserois-je pas dire ? Puisque lui-même dans les papiers d'édification qu'il nous a laissé, nous assûre que dans une solemnité où l'on portoit la chasse de St-François de Sales dans les ruës de cette ville, méditant sur les grandeurs des recompenses dont Dieu honore ceux qu'il aime, élevant comme un autre David son cœur et ses yeux vers le ciel, source de toutes les graces, il eut le bonheur de voir entre le Ciel et le firmament une croix de feu qui flottoit perpandiculairement sur sa tête : il vouloit d'abord comme le Roi prophete taire cette grâce toute particulière de son Createur ; mais son cœur commençant de bruler d'ardeur et de zele pour la gloire de son Dieu, et les reflexions qu'il fit sur une faveur si singuliere achevant de l'embraser, son visage aussi bien que celui de Jésus-Christ parut tout brillant d'un feu tout divin. *Resplenduit facies ejus sicut sol.* le decouvrent bien-tôt aux personnes preposées pour veiller sur sa conduite : extrait des mémoires qu'il a laissé de sa vie.

Levavi oculos, etc., psal. 12.

Silui a bonis, psal. 38, vers. 3.

In medit. mea etc., psal. 38,

Côcalcavit cor meum, ibid. Math. 17, vers. 2.

L'oraison funèbre contient encore cette apostrophe :

« Vous paroîtrez au grand jour de la revelation, Noblesse indigeante qu'il a déchargé du poids honteux de la mandicité? » En marge, imprimé : « il dônoit chaque semaine une sôme certaine a des familles de qualité d'Annesi. » — Le Prieur de Benevix ne dit rien de la conversion de Mme de Warens.

Revenons à Boudet ; la perle de sa Biographie se trouve à la première Partie, Liv. III, § 27, pages 149 et 150 :

« C'est dans le cours de ses premières visites que notre Prélat fut exposé à une tentation dangereuse. Une Dame distinguée par ss naissance et par sa beauté, conçut pour lui une passion violente.

« Les Mémoires de M. de Bernex ne nous disent point les moyens dont elle se servit pour lui déclarer ses sentimens ; ils marquent seulement que le combat dura trois heures, et qu'étant enfin venu à bout de la faire rentrer en elle-même, il se jetta à genoux pour remercier Dieu de la victoire qu'il venoit de remporter par le secours de sa grace. »

Il s'agit, dans cette page exquise, des visites pastorales que Mgr de Bernex fit dans son diocèse, en 1699. Comme évêque de Genève, serment avait été prêté, en son nom, le 16 février 1698, et il avait, en personne, pris possession de son siège, le 11 novembre. Le Prélat avait alors 42 ans. Quand il connut Mme de Warens, il était déjà vieux et valétudinaire ; Boudet, dans sa seconde Partie, Livre VIII, 1, dit :

« Dans un écrit de l'an 1723, il (M. de Bernex) fait avec complaisance l'énumération des infirmités auxquelles il étoit sujet.

« L'Evêque de Genève, dit-il, se trouve âgé de soixante et douze ans. Il est devenu extrêmement faible ; ainsi il approche de la mort.

« Il a les cheveux blancs, et il souffre une diminution considérable de la vûe.

« Il a perdu toutes ses dents et ne peut mâcher les aliments qu'avec peine.

« Il est très incommodé d'une hernie, et il sent des douleurs dans les jambes lorsqu'il marche, ou qu'il se tient debout.

« Il a fait plusieurs maladies dangereuses, et il est certain que la première, qui surviendra, le mettra au tombeau. »

Tel était le Pasteur qui, le 8 septembre 1726, recevait l'abjuration de Louise de la Tour de Chailly, baronne de Warens. J'ai recherché inutilement ses mémoires manuscrits ; Quérard, dans la *France littéraire*, ne les mentionne pas, ni Brunet, dans le *Manuel du Libraire* Ils seront probablement restés inédits. Nous en avons la substance dans la biographie de Boudet et le panégyrique du Prieur de Benevix, — voire, à peu de chose près, le texte même, si le chanoine antonin les a utilisés aussi littéralement, dans son livre, que le Mémoire de Jean-Jacques Rousseau, daté du 29 avril 1742, et publié dans les Œuvres complètes du philosophe genevois. *La Vie de M. de Rossillion* n'est qu'un long récit de faits extraordinaires; l'*Oraison funèbre* présente le modèle du genre. L'une et l'autre donnent une idée exacte du caractère de la vie religieuse à Annecy, vers la fin du XVIIe et au début du XVIIIe siècle. M. de Bernex, chanoine régulier de Saint-Antoine pendant vingt-cinq ans, avait droit, comme confrère et membre, à toute la bienveillance du biographe et de son Ordre, qui voulurent le faire canoniser. Lui-même, dans un but facile à deviner, avait laissé des mémoires manuscrits. Nous n'avons pas à le juger comme thaumaturge. Les six passages des deux ouvrages cités indiqueront simplement, ici, l'atavisme maternel, la mentalité de l'enfance, de l'âge mûr, le caractère de la vieillesse de l'Evêque.

Mme DE WARENS

RENONCE A SA FORTUNE

MME DE WARENS

RENONCE A SA FORTUNE

Madame de Warens avait abjuré le 8 septembre 1726; le 26 du même mois, son mari était à Annecy et recevait d'elle, au premier Monastère de la Visitation, une donation générale de tous ses biens. La baronne ne se réservait que la somme de mille livres de Savoie. Voici l'acte, dans sa teneur :

L'an mil sept cent vingt-six, et le vingt-six du mois de Septembre avant midy, dans la maison des R^ds Srs Aousmoniers des R^des Religieuses du premier monastère de la visitation de Ste Marie de la ville d'Annessy par devant moy not^re Royal de la d^tte ville soubsigné, et en présence des témoins cy après nommés s'est en personne constituée et établye noble Dame *Eléonore*

Françoise Loüise De La Tour, fille de feu noble jean baptiste De La Tour, ancien citoyen de Vevay au pays deVeaulx,épouse de noble *Sébastien Isaac De Loys*, seigneur *de Warens* du canton de Berne en Suisse, laquelle déclare qu'elle n'at point quitté sa maison ny les Etats de LL. EE. dudit Berne dont elle est née sujette par aucun mécontentement qu'elle aye reçeut de son d[t] mary ny d'ailleurs, mais uniquement pour suivre les mouvements de sa Conscience qui lônt engagés à embrasser la Religion Catholique Romaine dont elle fait aujourdhuy la profession par la grace de Dieu, et comme elle at appris que LL. EE. ensuitte de sa retraitte avoyent fait prendre l'inventaire de tous ses biens meubles, et immeubles et qu'elle craint que les suittes de cette formalité ne fassent perdre à son d[t] mary les légitimes prétentions qu'il at sur ses biens elle déclare par le présent acte que son intention at toujours été de luy en laisser la paisible joüissance et possession dans laquelle elle comptait qu'il ne seroit point troublé ayant toujours vécu en bonne paix et union avec sond[t] mary et souhaittant de luy donner des marques de son bon cœur à son égard et de l'amitié qu'elle at pour luy pour les manières grâtieuses qu'il at eût pour elle, elle at fait ainsy que par le présent acte elle fait aud. noble *Sébastien Isaac De Loys*, seigneur de Warens son époux icy présent et acceptant pour luy et les siens donnation générale de tous ses biens et droits et c'est par donnation pure simple et entre vifs sans se réserver autres que la somme de *mille* livres de savoye à prendre sur les biens cy dessus donnés pour s'en servir et en disposer comme bon lui semblerat, la présente donnation faitte en la présence et assistance de noble et sp[ble] *Noël Viallet* Conseiller du Roy et son juge maje en la province du Genevois que les parties supplient humbles voulloir authoriser et homologuer la présente donnation aquel effect la d[tte] Dame donnatrice at fait et constitué pour son procureur m[e] jean pierre Morens et ledit Seigneur De Warens m[e] Joseph Amblet tous deux procureurs en la d[tte] judicature maje absents comme présents moy not[re] pour eux stipullants et acceptants pour requérir et consentir à lad[tte] insinuation lisant à ces fins domicille en leurs personnes et de leurs substitués à la forme du stil, et réglement du pays en suppliant encor très humblement LL. EE. de voulloir rattifier et donner force à la présente donnation entre vifs qu'elle at fait a son d[t] mary pour une preuve de l'amitié qu'elle conserverat pour lui toutte sa vie et de rendre le présent acte exécutoire suivant leur clémence accoutumée déclarant de bonne foy qu'elle n'at été sollicitée ny engagée par qui que ce soit pour faire le présent acte, mais qu'elle la fait de son pur mouvement et de franche et libre volonté et pour l'effect et observation de tout son contenu elle oblige tous ses biens présents et advenirs et ce at fait en outre sous et avec touttes deües promesses, et autres clauses requises, et à laquelle sus d[te] donnation led[t] s[r] juge-maje at interposé et interpose son decret et authorité judicielle par les susd[ts] motifs ainsy qu'il déclare.

Fait et prononcé Annessy aud[t] lieu que dessus en présence de noble et sp[ble] *Gaspard de Lambert, seigneur de Choyrier, De la Cour Desvires, seigneur de Chüet et consei-*

gneur d'Auteville premier des nobles scindics d'Annessy, de sp[ble] *joseph Favre* advocat au Sénat, second desd[ts] nobles scindics seigneurs d'Annessy-le-Vieux, de R[d] S[r] jean François *Chabot* et de R[d] S[r] amédé *Montillet*, archiprestre et chanoine des Maccabés de Genève résidants dans la présente ville d'Annessy et de M[e] François Charcot pratticien bourgeois du d[t] annessy témoins requis tous gens de distinction et probité a moy cognus qui ont cy bas signé avec les parties et led[t] s[r] juge maje.

Et moy no[tre] soubs[é] a ce recevoir requis, bien que par led[t] Me Charcot soit escript, par moi de ce requis, le tout contenant deux feuillers, ainsy est.

Signé :

Françoise Louyse De Warens
née De La Tour.
De Loys de Warens, acceptant.
Viallet.
De Lambert De Soyrier.
Favre
Ssd[r] Chabod, archiprèstre.
A. Montilliet, prêtre.
Charcot.
J. Mauris, notaire.

Ins. fol. 619 v°, lib. 2. Et reçu trente sols ; fait à Annessy ce 26 7bre 1726. — (signé) Collomb.

En marge est écrit : Levé est

Levé est pour la Dame.

Cette copie est conforme à l'original, qui se trouve entre les mains de Me Raisin, notaire à Annecy, détenteur des minutes dudit M. Mauris, notaire à Annecy au XVIIIe siècle.

Les explications données par le mari à son beau-frère, dans la lettre que nous publions plus loin, dévoilent le mobile qui dicta cet acte de donation. Longtemps après, Mme de Warens essaya de s'en servir encore. Les Archives départementales de la Savoie possèdent, en effet, une longue lettre adressée à la baronne, le 17 décembre 1745, par le curé de Gruffy, P. Léonard, qui l'appelle « Madame et très chère sœur, » et lui rappelle qu'elle lui avait envoyé « l'acte de sa donation en faveur de M. le B. de Warens. » — Ajoutons, pour guider les commentateurs, que cette lettre parle d'un compte à régler entre Madame de Warens et le curé : il regrette qu'elle ne l'ait pas averti de son voyage à Thonon ; il serait certainement allé la voir ; il a appris qu'elle serait allée jusqu'à Evian, sous le nom de comtesse de Conzié.

Pour la première fois, dans cet acte, Françoise-Louise de la Tour prend le prénom d'Eléonore, en l'honneur de sa marraine, la princesse de Hesse, qui devait se marier à Turin quatre ans plus tard, le 20 décembre 1730, avec Jean-Christian, duc de Bavière, comte palatin du Rhin, prince-régent de Sulzbach.

Dix jours après l'abjuration, Victor-Amédée II avait pensionné sa protégée. Les registres de comptabilité de l'Intendance générale de Savoie mentionnent, pendant plus de 25 ans, sans indiquer le motif de cette libéralité, le paiement des quartiers de la pension de 1,500 livres, que le roi de Sardaigne avait accordée à la baronne, *par un billet royal du 18 septembre 1726*. Le billet royal, qui ferait connaître la raison de cette libéralité, n'existe plus aux Archives départementales, à Chambéry.

Rousseau, dans ses *Confessions*, partie I, livre II, dit, au sujet de Mme de Warens : « Le roi, qui aimoit à faire le zélé catholique, la prit sous sa protection, lui donna une pension de quinze cents livres de Piémont, ce qui étoit beaucoup pour un prince aussi peu prodigue ; et, voyant que sur cet accueil on l'en croyoit amoureux, il l'envoya à Annecy, escortée par un détachement de ses gardes, où, sous la direction de Michel-Gabriel de Bernex, évêque titulaire de Genève, elle fit abjuration au couvent de la Visitation. »

Victor-Amédée, en effet, était peu prodigue. Mlle de Graffenried, l'une des héroïnes de la pastorale de Thônes, qui « avoit imité Mme de Warens, *n'ayant pas eu une pension comme elle,* avoit été trop heureuse de s'attacher à Mlle Galley, — d'une famille bourgeoise d'Annecy, — qui, l'ayant prise en amitié, avoit engagé sa mère à la lui donner pour compagne, jusqu'à ce qu'on la pût placer de quelque façon. » (*Confessions,* partie I, livre IV.)

Cependant Rousseau, dans le Mémoire à S. E. Monseigneur le Gouverneur de Savoie, écrit après 1734, — année de la mort de M. de Bernex, c'est-à-dire sous le règne de Charles-Emmanuel III, — « supplie très-humblement Son Excellence de vouloir lui procurer une pension, telle qu'elle jugera raisonnable, sur la fondation *que la piété du roi Victor a établie à Annecy.* » Si cette pension lui eût été accordée, peut-être le philosophe de Genève aurait-il apprécié différemment la piété du roi Victor.

Ce que pouvaient être les exigences des nouveaux convertis, leur attitude à l'égard du gouvernement, leur langage même, nous en avons un document explicite écrit par Jean-Jacques, sous la dictée de Mme de Warens, longtemps après la conversion de la baronne, alors que son protecteur épiscopal était déjà mort et qu'elle habitait Chambéry. Le voici *in extenso* :

« MÉMOIRE

« A S. E. MONSEIGNEUR LE GOUVERNEUR DE SAVOIE.

« J'ai l'honneur d'exposer très-respectueusement à Son Excellence le triste détail de la situation où je me trouve, la suppliant de daigner écouter la générosité de ses pieux sentimens pour y pourvoir de la manière qu'elle jugera convenable.

« Je suis sorti très-jeune de Genève, ma patrie, ayant abandonné mes droits pour entrer dans le sein de l'Église, sans avoir cependant jamais fait aucune démarche, jusqu'aujourd'hui, pour implorer des secours, dont j'aurois toujours tâché de me passer s'il n'avoit plu à la Providence de m'affliger par des maux qui m'en ont ôté le pouvoir. J'ai toujours eu du mépris et même de l'indignation pour ceux qui ne rougissent point de faire un trafic honteux de leur foi, et d'abuser des bienfaits qu'on leur accorde. J'ose dire qu'il a paru par ma conduite que je suis bien éloigné de pareils sentimens. Tombé, encore enfant, entre les mains de feu Mgr de Genève (1), je tâchai de répondre, par l'ardeur et l'assiduité de mes études, aux vues flatteuses que ce respectable prélat avoit sur moi. Mme la baronne de Warens voulut bien condescendre à la prière qu'il lui fit de pren-

(1) M. de Bernex, évêque de Genève, mort le 23 avril 1734. (Note de l'édition Lahure des *Œuvres complètes de J.-J. R.*)

dre soin de mon éducation, et il ne dépendit pas de moi de témoigner à cette dame, par mes progrès, le désir passionné que j'avois de la rendre satisfaite de l'effet de ses bontés et de ses soins.

« Ce grand évêque ne borna pas là ses bontés; il me recommanda encore à M. le marquis de Bonac, ambassadeur de France auprès du Corps helvétique. Voilà les trois seuls protecteurs à qui j'aie eu l'obligation du moindre secours; il est vrai qu'ils m'ont tenu lieu de tout autre, par la manière dont ils ont daigné me faire éprouver leur générosité. Ils ont envisagé en moi un jeune homme assez bien né, rempli d'émulation, et qu'ils entrevoyoient pourvu de quelques talens, et qu'ils se proposoient de pousser. Il me seroit glorieux de détailler à Son Excellence ce que ces deux seigneurs avoient eu la bonté de concerter pour mon établissement; mais la mort de Mgr l'évêque de Genève et la maladie mortelle de M. l'ambassadeur ont été la fatale époque du commencement de tous mes désastres.

« Je commençai aussi moi-même d'être

attaqué de la langueur qui me met aujourd'hui au tombeau. Je retombai par conséquent à la charge de Mme de Warens, qu'il faudroit ne pas connoître pour croire qu'elle eût pu démentir ses premiers bienfaits en m'abandonnant dans une si triste situation.

« Malgré tout, je tâchai, tant qu'il me resta quelques forces, de tirer parti de mes foibles talens : mais de quoi servent les talens dans ce pays ? Je le dis dans l'amertume de mon cœur, il vaudroit mille fois mieux n'en avoir aucun. Eh ! n'éprouvé-je pas encore aujourd'hui le retour plein d'ingratitude et de dureté des gens pour lesquels j'ai achevé de m'épuiser en leur enseignant, avec beaucoup d'assiduité et d'application, ce qui m'avoit coûté bien des soins et des travaux à apprendre ? Enfin, pour comble de disgrâces, me voilà tombé dans une maladie affreuse, qui me défigure. Je suis désormais renfermé sans pouvoir presque sortir du lit et de la chambre, jusqu'à ce qu'il plaise à Dieu de disposer de ma courte mais misérable vie.

« Ma douleur est de voir que Mme de Warens a déjà trop fait pour moi; je la trouve, pour le reste de mes jours, accablée du fardeau de mes infirmités, dont son extrême bonté ne lui laisse pas sentir le poids, mais qui n'incommode pas moins ses affaires, déjà trop resserrées par ses abondantes charités, et par l'abus que des misérables n'ont que trop souvent fait de sa confiance.

« J'ose donc, sur le détail de tous ces faits, recourir à Son Excellence comme au père des affligés. Je ne dissimulerai point qu'il est dur à un homme de sentimens, et qui pense comme je fais, d'être obligé, faute d'autre moyen, d'implorer des assistances et des secours : mais tel est le décret de la Providence. Il me suffit, en mon particulier, d'être bien assuré que je n'ai donné, par ma faute, aucun lieu ni à la misère ni aux maux dont je suis accablé. J'ai toujours abhorré le libertinage et l'oisiveté ; et, tel que je suis, j'ose être assuré que personne, de qui j'ai l'honneur d'être connu, n'aura, sur ma conduite, mes sentimens et mes mœurs, que de favorables témoignages à rendre.

« Dans un état donc aussi déplorable que

le mien, et sur lequel je n'ai nul reproche à me faire, je crois qu'il n'est pas honteux à moi d'implorer de Son Excellence la grâce d'être admis à participer aux bienfaits établis par la piété des princes pour de pareils usages. Ils sont destinés pour des cas semblables aux miens, ou ne le sont pour personne.

« En conséquence de cet exposé, je supplie très-humblement Son Excellence de vouloir me procurer une pension, telle qu'elle jugera raisonnable, sur la fondation que la piété du roi Victor a établie à Annecy, ou de tel autre endroit qu'il lui semblera bon, pour pouvoir subvenir aux nécessités du reste de ma triste carrière.

« De plus, l'impossibilité où je me trouve de faire des voyages, et de traiter aucune affaire civile, m'engage à supplier encore Son Excellence qu'il lui plaise de faire régler la chose de manière que ladite pension puisse être payée ici en droiture, et remise entre mes mains, ou celles de Mme la baronne de Warens, qui voudra bien, à ma très-humble sollicitation, se charger de l'employer à mes besoins. Ainsi jouissant, pour le peu de jours qu'il me reste, des secours nécessaires pour le temporel, je recueillerai mon esprit et mes forces pour mettre mon âme et ma conscience en paix avec Dieu, pour me préparer à commencer, avec courage et résignation, le voyage de l'éternité, et pour prier Dieu sincèrement et sans distraction pour la parfaite prospérité et la très-précieuse conservation de Son Excellence.

« J.-J. Rousseau. »

Mme DE WARENS
A LA VISITATION

Mme DE WARENS

A LA VISITATION

Au lendemain de son arrivée à la Visitation d'Annecy, Madame de Warens aurait écrit à une amie intime, à Villeneuve :

« Reconnois le caractère de celle que tu appellois ton amie. De quelque extravagance qu'on l'accuse dans le monde, de quelqu'étourderie qu'elle paroisse coupable à tes yeux, elle espere toujours être digne de ton attachement; ma conduite t'aura d'abord paru des plus blâmable. Avant de t'unir à cette foule de personnes, qui ne parlent et ne décident pour l'ordinaire, qu'après celles qui hasardent tout sans réflexion dans le monde, et quelquefois par passion, écoute-moi, et tu reconnoîtras bientôt qu'il y a plus de courage, plus de grandeur d'âme dans ma façon d'agir, que d'étourderie.

« Tu te rappelles le contenu de la lettre que je t'envoyai, par l'exprès choisi au hameau, où je fus boire du lait avec ma Gouvernante ; tu te rappelle mes plaintes ; tu sais que c'est l'amour qui en étoit l'objet ; que c'est à mon amant, fugitif des contrées que j'habitois, quand je ne pouvois plus vivre sans lui, que je devois le commencement du dégoût qui m'assiégoit, et des chagrins domestiques qui m'obsédoient : que c'est à un mariage que mon pere cherchoit à me faire faire avec le cruel M. de Warens, que je devois le dessein de m'enfuir de la maison ; que c'étoit pour aller chercher celui qui m'avoit ravi le repos, et à qui on vouloit m'enlever, en me forçant d'être parjure solemnellement à la face de tout mon pays. Eh bien, tu me fis des représentations ; tu m'annonças que j'allois me déshonorer, porter le trouble dans ma famille, m'avilir même aux yeux de mon amant. Tu me disois d'un ton absolu, que je devois me soumettre aveuglement aux volontés de mon pere ; j'ai suivi tes conseils, et voici quel en est le résultat affreux.

« Je suis loin de t'en vouloir le moindre mal ; je ne prétends pas même t'en faire des reproches ; on n'en fait qu'aux coupables : tu ne l'est pas, et je la suis seule. Tu ne pouvois pas pénétrer dans l'avenir, ni deviner les désordres que cette union fatale alloit entraîner. Je sais que je ne devois écouter que mon cœur, parce qu'alors l'égarement où je me serois livrée, m'auroit rendue moins criminelle, au-lieu que par ma fuite tardive, par mon peu de courage et mes irrésolutions, je me suis rendue coupable de plusieurs crimes.... Esclave de mon amour, je n'aurois eu qu'un seul tort à me reprocher, en fuyant la maison de mon pere ; mais aujourd'hui qu'ai-je fait? je ne me suis pas seulement rendue criminelle à ses yeux ; mais je lui ai encore attiré les reproches cuisants qu'il va essuyer de la famille de Warens, à laquelle je suis unie... Je vois M. de Warens qui m'aïmoit, et dont j'ai abandonné les foyers, (quand je n'étois plus ma maîtresse, et quand je lui appartenois selon les loix) ;

je le vois, dis-je, verser des larmes, devenir furieux, donner des ordres pour me faire arrêter ;... je le vois confus aux yeux de ses amis, déshonoré, flétri dans l'opinion publique... O funeste ascendant des préjugés ! pourquoi faut-il qu'un époux soit la victime des égarements d'une femme qui fuit pour éviter ses embrassements ? N'est-il pas assez puni d'être détesté ?

« J'aurois suivi tes conseils, même après mon mariage, chère amie, si la calomnie n'eût réveillé la mauvaise humeur de M. de Warens, et allumé sa jalousie, au point que je ne pouvois plus regarder personne, sans que ce fût un amant. Hélas ! qu'il jugeoit mal de mon cœur ! Je n'aimois que celui qui m'avoit fui ; et tout ingrat qu'il me paroissoit, rien ne pouvoit l'arracher de mon cœur... Oui... je l'avoue, dans les bras de M. de Warens, qui me chérissoit, je brûlois d'une flamme criminelle ; je n'y voyois que mon amant ; c'est lui que je croyois serrer ; c'est sur ses levres que je croyois coler les miennes. Mes baisers étoient faux, l'Eternel en est témoin ; mais cette flamme lui garantissoit que je n'aurois point profané le lit nuptial en recevant effectivement les baisers d'un autre. Le mariage m'avoit livré à M. de Warens ; il possédoit tout malgré moi ; mon cœur seul me restoit... Hélas ! qu'on me pardonne si je me livrai aux égarements de mon imagination. Ah ! mon amie, ne me crois pas si coupable... Ce qui me détermina absolument à m'enfuir, j'en fais la confession, c'est que je n'ai jamais pu être fausse impunément, et que j'ai voulu éviter les fureurs de M. de Warens.

« Enfin, obsédée par le remords d'être parjure à mon amant, persécutée par mon mari, il n'en fallut pas davantage pour me décider à partir. A la nuit tombante, je me rendis au port ; des bateliers me conduisirent à Evian. C'est ainsi que je me suis soustraite à la jalousie tyrannique de mon époux, m'affranchissant de l'esclavage du mariage. J'arrivai effectivement dans le Chablais ; je fus présentée au Roi ; je lui demandai sa protection, je l'obtins ; je vins à Annecy par ses ordres ; j'entrai ensuite à la Visitation où je suis.... »

« Hélas, mon amie ! que j'y ai besoin de tes conseils, que je voudrois t'avoir auprès de moi !... mais hélas ! j'ai pris mon parti, je ne reverrai jamais le pays de Vaud ; c'est pour toujours que je l'ai fui... Ce qui m'afflige dans ma solitude, c'est de n'y voir que des personnes qui me parlent journellement d'abjuration... Le Ciel a-t-il voulu me punir ?... Oh, amie ! tu sais l'empire qu'ont sur les cœurs, les premieres notions de la religion que l'on a sucée avec le lait : je te l'avoue, je me sens de l'aversion pour ceux qui cherchent à profiter de mes revers, pour me orcer à embrasser le catholicisme... Oh dans quelle perplexité je me trouve plongée ! Si je te voyois un seul moment, que de choses je répandrois dans ton sein !... Conseille-moi, écris-moi, je t'en conjure, si je dois retourner dans mon pays... mais non... écris-moi seulement dans mon hermitage, écris-moi que tu seras mon amie jusques à la mort... Adieu... j'embrasse M. Perret ; tâche de m'excuser à ses yeux. Adieu.... »

Avant son mariage, Madame de Warens aurait déjà résolu de s'enfuir, mais auprès de son amie. Elle lui écrivait alors, d'une lieue de la Tour :

« Tu m'as souvent repétée, chere amie, que l'amour feroit tous mes malheurs; que les nuits entieres que je donnois aux lectures romanesques, préparoient mon cœur à la tendresse; que la musique et les concerts seroient funestes à mon repos. Je riois, je folâtrois quand tu cherchois à m'instruire : maintenant qu'il n'est plus temps, je voudrois t'avoir écoutée. Tu me disois encore, s'il t'en souvient, que les hommes n'étoient que faux et cruels : tu me disois vrai; et si je t'avois crue, je vivrois en paix, au-lieu que je ne vois plus dans les murs que j'habite, que des vautours acharnés pour me ravir à la félicité.

« Mon pere même, celui à qui je dois le jour, est de ce nombre : le cruel vient de m'annoncer qu'il faut que j'aille aux marches de l'autel consacrer ma perfidie, m'avouer parjure aux yeux de l'Eternel, démentir du cœur ce que ma bouche pourroit proférer. Hélas! tendre amie, tu m'entends, tu connois mon cœur, tu sais mes inclinations; eh bien, on veut m'unir par les liens sacrés du mariage, à un homme que je déteste autant que j'adore l'amant qui m'a fui. L'époux qu'on veut me donner, est M. de Warens, fils aîné de M. Villardin de Lausanne. On m'assure chaque jour qu'il a de la fortune : c'est à mon âge ce qui m'inquiete le moins; ce n'est pas là où gît le bonheur, il gît dans la satisfaction du cœur. Je ne vois donc d'autres moyens pour me soustraire aux entraves que l'intérêt et l'ambition de mon pere veulent me forger, que celui de fuir la maison paternelle; je suis décidée à le faire, j'irai seule chercher celui qui m'a ravi la félicité...

« Pour exécuter mon dessein, il ne faut que du courage de mon côté, et de la complaisance de ta part. Promets-moi de me recevoir chez toi; je suivrai de près le messager qui te porte cette lettre; je n'en dirai pas un mot à ma gouvernante; elle est à mes côtés dans le moment que je t'écris. Elle me demande à chaque ligne, ce que je trace : je lui assure que c'est pour te faire part de mon mariage, auquel la cruelle m'engage, malgré l'amour dont elle sait que je suis éprise. Tout le monde semble d'accord pour me tromper et me trahir...

« Tout ce qui me fâchera en fuyant, c'est le chagrin que je vais répandre dans le cœur d'un pere qui me tourmente innocemment, et s'est imaginé assurer mon bonheur, en me choisissant un époux ! Je m'abuse... Que les peres sont cruels! S'ils aimoient leurs enfants, ne consulteroient-ils pas leurs inclinations? Ils n'écoutent au contraire que l'ambition et le vil intérêt.... ; ils les sacrifient... O mon pere! je vais donc vous attrister; que de larmes vous allez verser sur ma fuite? Quoi qu'il en soit, mon parti est pris. J'attends ta réponse; ton ami de.... »

L'amie, plus sensée, aurait répondu :

« J'étois à la laiterie, lorsque la femme qui en a le soin, me dit qu'on me demandoit. Je sortis ; le messager que tu m'as envoyé, me remit ta lettre; il n'avoit pas besoin de me dire qu'elle venoit de toi; j'ai tout de suite reconnu ton écriture; je tremblois en rompant le cachet ; je craignois pour toi, quelques-unes des suites funestes qui accompagnent ordinairement l'amour. Je ne pouvois me calmer; je lus avec rapidité cette lettre : j'y ai très bien reconnu à chaque ligne le style, que les lectures romanesques t'ont rendu familier, les idées folles que tu as puisées dans les volumes que tu dévorois de nuit, assise au chevet de ton lit, et les sentiments que ne cessoit de t'inspirer celui que tu chéris encore. Je t'assure que je ne me suis tranquillisée, que lorsque j'ai vu qu'il n'y avoit pas tout le mal que je m'étois d'abord imaginé. Il est vrai que l'amour t'égare; mais quand on est susceptible de réflexion, comme tu m'as toujours paru l'être, on doit se faire une raison.

« Tu sais, tendre amie, qu'une folie est bientôt faite, mais qu'elle se répare difficilement. Quoi! éviter un mariage, que ton pere croit pour toi le souverain bien ; tu veux le fuir, tu veux payer les soins paternels par une étourderie, qui le mettra au tombeau! tu veux le désespérer? Songe qu'en croyant le punir d'un crime dont il est moins coupable que tu ne le penses, tu vas devenir pariticide, tu vas te déshonorer aux yeux de l'univers entier, tu vas devenir l'opprobre de ton sexe, qui ne cherche à tout instant que les moyens de se nuire. Oh ! que tu va donner à la médisance et à la calomnie un vaste champ pour s'égayer à tes dépens! que ne hasardera-t-on pas sur ton compte? Tu es belle, tu as de l'esprit, tu dois avoir des rivales; songe donc quelles seroient trop satisfaites, si tu te laissois entraîner à l'extravagance que tu médites : pour les punir, reste à Vevey.

« Je dois te dire encore que la plupart des jeunes Demoiselles qui ont soupçonné ton intrigue, ne tarderoient pas de publier que tu as été cacher le fruit de tes amours dans l'étranger, ou que tu as suivi un amant qui t'avoit abandonnée, pour courir à ses genoux, lui redemander la vie..... Que l'amour-propre, que l'honneur, la fierté et l'orgueil de ton sexe se fassent entendre au fond de ton cœur ; tu dompteras bientôt un fol amour... Pense aux larmes que ta fuite feroit verser à ton pere, à tous tes parents et à moi... Cet homme que tu regrettes, vaut-il la peine que tu te déshonores? Sais-tu s'il ne t'a pas oubliée, et s'il n'est point un ingrat?... Pense que tu te creuses un cachot horrible en allant affronter mille dangers pour le chercher dans les lieux qu'il habite. Ton pere te fera sûrement poursuivre; tu pourras peut-être te déguiser, et être ignorée quelques heures ; et bientôt reconnue, tu seras ramenée captive...

« Comment peux-tu me demander un asyle? Voudrois-je pour l'Univers entier, coopérer à ta fuite? Je te chéris trop, pour t'aider à te plonger dans l'abyme. Crois-moi, laisse cette fatale idée, je suis sans passion dans ce projet, j'en vois mieux que toi tout le danger. Tandis que tu crois toucher au port, je vois l'orage et la tempête se former sur ta tête... Je ne peux donc absolument te recevoir... Tu m'en voudras mal; mais revenue de tes égarements, tu m'en chériras davantage : c'est alors que tu reconnoîtras qu'une amie sincère t'a retirée, comme par la main, du bord du précipice où tu étois prête à te jetter. J'en appelle au calme de ta passion; et je suis sûre que dans ces moments maîtresse de toi-même, si j'avois été assez insensée pour seconder ton projet, tu m'accablerois de reproches les plus cruels.. Pour éviter toutes les sollicitudes et les désordres qu'une semblable conduite entraîneroit, suis les volontés de ton pere; et situ es malheureuse, réfléchis qu'il vaut mieux l'être avec honneur, que d'être heureuse déshonorée. Et qui sait si tu serois heureuse? Quoiqu'il en soit, garde-toi de faire des folies... J'ai vu plusieurs fois M. de Warens; c'est un homme assez ordinaire, il est vrai, qui se passionne aisément, jaloux a l'excès; tout cela ne doit point t'allarmer, dès que la jalousie est la compagne inséparable de l'amour... Du caractere dont je le connois, tu passeras d'heureux jours; c'est-là tout ce que je peux te dire...

« Je renvoye le messager avec ma lettre, et te recommande le mariage; telle est mon ordonnance... Tu es jeune et belle, il n'en faut pas davantage pour t'égayer dans ce lien... Ne m'écris absolument plus, que lorsque selon le vœux de ton pere et les miens, tu seras unie à M. de Warens... Ton amie... »

Insérées à la fin des *Mémoires de madame de Warens* publiés par le général Doppet, ces lettres son évidemment apocryphes, comme le volume qu'elles terminent. Elles ont néanmoins le mérite de nous fixer sur la tradition acceptée à Chambéry, vers la fin du XVIIIe siècle, laquelle attribuait la conversion de madame de Warens aux conséquences d'une intrigue galante. La baronne s'était mariée à quatorze ans, en avril 1713. Est-il admissible qu'une enfant écrivît la lettre passionnée qui précède ces lignes ; est-il croyable qu'une jeune femme quittât le foyer conjugal par simple dépit d'amour ? Non. Rousseau a créé cette légende, évidemment sur la version que la baronne mit elle-même en œuvre. Il dit, en effet, dans ses *Confessions*, partie I, livre II : « Elle avait épousé fort jeune M. de Warens, de la maison de Loys, fils aîné de M. de Villardin, de Lausanne. Ce mariage, qui ne produisit point d'enfants, n'ayant pas trop réussi, madame de Warens, poussée par quelque chagrin domestique, prit le temps que le roi Victor-Amédée était à Evian, pour passer le lac et venir se jeter aux pieds de ce prince, abandonnant ainsi son mari, sa famille et son pays, par une étourderie assez semblable à la mienne, et qu'elle a eu tout le temps de pleurer aussi. »

Avec Boudet, nous avons entendu l'apologiste ; chez Rousseau, c'est toujours l'amant qui parle. Ainsi, il ajoute, à propos du séjour de madame de Warens à la Visitation : « Ses erreurs lui vinrent d'un fonds d'activité inépuisable qui voulait sans cesse de l'occupation. Ce n'étaient pas des intrigues de femmes qu'il lui fallait, c'étaient des entreprises à faire et à diriger. Elle était née pour les grandes affaires. A sa place, madame de Longueville n'eût été qu'une tracassière ; à la place de madame de Longueville, elle eût gouverné l'Etat. Ses talents ont été déplacés ; et ce qui eût fait sa gloire, dans une situation plus élevée, a fait sa perte dans celle où elle a vécu. Dans les choses qui étaient à sa portée, elle étendait son plan dans sa tête et voyait toujours son objet en grand. Cela faisait qu'employant des moyens proportionnés à ses vues plus qu'à ses forces, elle échouait par la faute des autres ; et son projet venant à manquer, elle était ruinée où d'autres n'auraient presque rien perdu. Ce goût des affaires, qui lui fit tant de maux, lui fit du moins un grand bien dans son asile monastique, en l'empêchant de s'y fixer pour le reste de se jours, comme elle en était tentée. La vie uniforme et simple des religieuses, leur petit cailletage de parloir, tout cela ne pouvait flatter un esprit toujours en mouvement, qui, formant chaque jour de nouveaux systèmes, avait besoin de liberté pour s'y livrer. Le bon évêque de Bernex, avec moins d'esprit que François de Sales, lui ressemblait sur bien des points ; et madame de Warens, qu'il appelait sa fille et qui ressemblait à madame de Chantal sous beaucoup d'autres, eût pu lui ressembler encore dans sa retraite, si son goût ne l'eût détournée de l'oisiveté d'un couvent. Ce ne fut point manque de zèle si cette aimable femme ne se livra pas aux menues pratiques de dévotion qui semblaient convenir à une nouvelle convertie vivant sous la direction d'un prélat. Quel qu'eût été le motif de son changement de religion, elle fut sincère dans celle qu'elle avait embrassée. Elle a pu se repentir d'avoir commis la faute, mais non pas désirer d'en revenir. Elle n'est pas seulement morte bonne catholique, elle a vécu telle de bonne foi; et j'ose affirmer, moi qui pense avoir lu dans le fond de son âme, que c'était par aversion pour les simagrées, qu'elle ne faisait point en public la dévote : elle avait une piété trop solide pour affecter de la dévotion. »

De son côté, Doppet, dans les *Mémoires de madame de Warens*, fait tenir à la baronne le langage suivant, à propos de son séjour à la Visitation :

« Accueillie et comblée des bontés de toutes les Dames Religieuses, comparant mon état à celui de mon mariage, et ma nouvelle habitation au ménage que je venois de quitter, je jouissois de mon triomphe; j'attendois avec plaisir le moment de faire ce qu'on appelle *abjuration*. Cette cérémonie devoit rompre tous mes engagements passés ; l'image de l'amant que j'avois adoré, n'étoit plus rien pour moi. Enfin, ce jour tant désiré arriva ; je prononçais mon *abjuration* dans le dessein de passer le reste de mes jours au fond d'un cloître. La vie des Religieuses, m'ayant jusqu'alors semblé exempte de troubles, je me félicitai de l'avoir connue. Mais hélas ! un peu plus familiarisée avec ces Dames, j'eus bientôt occasion d'apprendre de quelques-unes d'entr'elles, que ces grilles monastiques n'excluent pas les chagrins du monde. Quel fut mon étonnement, lorsque dans la confidence d'une jeune Religieuse, je fus instruite, que ni les prières, ni les vœux, ni le voile, que rien enfin ne pouvoit éteindre les feux de l'amour ? Jugez de ma surprise, lorsque, plus au fait de toute la maison, je vins à débrouiller parmi celles qui l'habitoient, un esprit d'intrigue, une jalousie qui les portoient jusqu'à se haïr entr'elles, et même se persécuter. Je vis ces couches saintes et solitaires plus d'une fois arrosées par les larmes de quelques victimes, à qui la tyrannie des parents avait seul fait subir le joug. Sensible, comme je l'ai toujours été, le bonheur de quelques Religieuses pouvoit-il me fermer les yeux sur l'infortune de celles que je voyois vivre dans les larmes ? Je cherchois à diminuer l'amertume de leurs chagrins, mes tentatives furent inutiles... J'eus recours à la fuite ; c'étoit le seul parti que j'avois à prendre pour me soustraire à un spectacle qui me déchiroit l'ame.

« Je suis loin de chercher à blâmer ce qui se pratique dans la Religion Romaine ; mais elle me paroîtroit bien cruelle, si elle autorisoit les peres et meres à ouvrir à leurs enfants des tombeaux où ils meurent chaque jour, chaque heure, chaque minute. Ces sépulcres sont d'autant plus affreux, que la vie s'y peut conserver, quoiqu'elle y soit cent fois pire que la mort.

« Quoi de plus effrayant que de voir une jeune personne dont le cœur est encore fermé à toutes les passions, venir couronnée de fleurs, se présenter au pied des autels d'un Dieu clément, faire un vœu qui outrage les fins du Créateur, en promettant solemnellement de renoncer aux appas du monde qu'elle ne connoît pas ? Cette innocente victime souvent interrompt par mille sanglots, les paroles fatales que la superstition lui suggere, ou que la cruauté d'un pere lui arrache. Sent-elle la force de ce qu'elle vient de promettre par un serment que l'Eternel a rejetté d'avance ?... Elle n'est, hélas ! vertueuse, que parce qu'elle ignore tout : elle dépouille sans frémir les ornements dont on l'a parée ; elle se couche innocemment sous un drap mortuaire, autour duquel ses compagnes attendries, chantent sur un ton triste et lugubre, les dernières prieres qu'on fait ordinairement pour les morts. Le son des cloches apprend à la société qu'une fille, à peine sortie de l'enfance, vient de renoncer à la douceur d'être mere, au plaisir de faire le bonheur d'un époux... La plume m'échappe, les expressions me manquent, le souvenir de cette lugubre cérémonie m'arrache encore des larmes... Passions cruelles ! quoique vous soyez filles de la nature, respectez la cellule de cette jeune vierge, laissez-la jouir en paix des fruits de sa résolution... Souhaits inutiles ! le temps fuit ; les jeûnes et les cilices sont des armes trop foibles pour vaincre la nature ; le cœur parle, et le désespoir vient y régner pour toujours. Tirons un voile sur ces demeures saintes ; le respect m'arrête... »

Or, tout cela n'est que légende.

LA VÉRITÉ

SUR

LA CONVERSION DE Mme DE WARENS

D'APRÈS LE TÉMOIGNAGE DU MARI

LA VÉRITÉ

SUR

LA CONVERSION DE Mme DE WARENS

D'APRÈS LE TÉMOIGNAGE DU MARI

La *Bibliothèque universelle et Revue Suisse* a publié, dans son tome XXIIe (89me année, troisième période), n° 65, mai 1884, — Lausanne, chez Georges Bridel, place de la Louve, — une étude de la plus haute importance, intitulée : MADAME DE WARENS ET SON MARI, *un document inédit*, par Albert de Montet et Eugène Ritter.

La famille de Loys leur ayant ouvert l'accès de ses riches archives, ces publicistes ont mis la main sur un document de premier ordre, une longue lettre que M. de Warens écrivit sur la fuite de sa femme et sur la visite qu'il alla lui rendre à Annecy, en septembre 1726.

Cette lettre fut écrite six ans après la fuite de Mme de Warens, pendant un long séjour que son mari fit en Angleterre. Il l'adressait à son beau-frère, M. de Middes, pour lui fournir les moyens de répondre à une requête présentée au Sénat de Chambéry par Mme de Warens, qui avait fait mettre un séquestre sur les biens que la famille de Loys possédait en Savoie.

Voici le document :

I

« Ta lettre, mon très cher frère et ami, du 5e du courant nouveau style, m'a fait d'un côté un vray plaisir en m'apprenant que toute la famille jouit d'une parfaite santé, et par les nouvelles assurances que tu m'y donnes de ton amitié, qui me sera toujours très chère.

« De l'autre, elle m'a mortifié extrêmement en y voyant les nouvelles persécutions que la Savoyarde me suscite, et surtout les insinuations calomnieuses et les voyes indignes qu'elle met en usage pour arriver à son but. Il y a longtemps que j'aurois vu avec plaisir que mon père eût retiré les sommes qui lui sont dûes en Savoye, parce que j'ay toujours craint quelque croc-en-jambe de ce côté-là. Cependant la tentative que ma déserteuse fit en 1728 pour rentrer dans ses prétendus biens, et en empêcher la vente, ayant été sans succès, et elle étant restée dès lors dans le silence, quoyqu'elle n'ignorât pas que Messieurs de la Bastie et Le Jeune fussent débiteurs de mon père, je me flattois d'être à l'abri de ses poursuites. J'étois enfin parvenu à l'aide des deux meilleurs médecins, le temps et la réflection, à regarder en stoïcien cette époque tragique de ma vie, et à supporter avec patience la situation fâcheuse dans laquelle elle m'avoit mis. Cette dernière attaque m'a été un coup de foudre.

« Je n'ay pu parcourir la copie que tu m'as envoyée de la requête présentée au Sénat de Chambéry, sans être pénétré de la douleur la plus vive en la voyant remplie de faits supposés, de circonstances entièrement contraires à la vérité, et mes démarches les plus innocentes déguisées sous les plus noires couleurs. Un procédé si noir a retracé si vivement dans mon esprit l'idée de tous mes malheurs, et m'a si fort frappé, que dévoré par un chagrin que j'étois obligé de concentrer en moy-même pour ne le laisser paroître à personne, j'ai été absolument hors d'état, pendant deux ou trois jours, d'écrire trois lignes de suite. Enfin, revenu un peu de mon étourdissement et sentant la nécessité de te répondre au plus tôt, je le fais le quatrième. Mais mon esprit est encore si agité que je suis forcé de quitter et reprendre la plume à tout bout de champ; n'ayant aucun de mes papiers avec moy, il m'a falû travailler de mémoire, et si je n'avois pas eu la précaution de faire brouillon sur brouillon, pour ranger un peu mes idées, tu n'aurois rien compris à mon galimatias; encore crains-je fort que ma lettre ne s'en sente.

« Je n'ajouteroi rien à ce préambule, qui n'est déjà que trop long, si ce n'est que je me flate que les insinuations malicieuses, contenues dans la requête de question (1), ne feront aucune impression sur l'esprit des personnes de qui j'ay l'honneur d'être connu, et qu'elles me rendront justice. J'ay lieu de l'espérer, puisque ma conduite les a parfaitement démenties, et que d'ailleurs cet écrit est un tissu de mensonges d'un bout à l'autre, qui sont même si grossiers qu'ils sautent aux yeux. Malgré tout cela, comme rien n'est plus cher à un honnête homme que son honneur et sa réputation, et n'ayant rien à me reprocher que trop de foiblesse pour une femme à qui j'avois laissé prendre trop d'ascendant, je n'ay pu tenir contre ce comble de malice. Il m'a mis au non plus *(il m'a poussé à bout)*, et m'a d'autant plus surpris que je n'avois point d'ami assés

(1) Il n'est pas besoin de dire ici au lecteur : *lisez le mémoire* EN *question*. Mais de temps en temps, nous avons mis, entre parenthèse et en italiques, l'interprétation de quelques expressions vieillies et de certains idiotismes locaux. Nous avons tenu à conserver, autant que possible, l'orthographe de l'époque où écrivait M. de Vuarens. Elle aide le lecteur à se reporter dans ces temps lontains, et rend le même service que l'ancien costume, quand on représente les comédies du XVIIe et du XVIIIe siècle.

particulier pour luy décharger mon cœur. L'ayant un peu soulagé auprès de toy dans cette lettre, dont je te prie de me passer le verbiage, je viens au fait et commencerai par cette requête qui est un ouvrage digne du lieu d'où il sort.

« Elle est addressée au Sénat de Chambéry. Depuis quand ce tribunal est-il juge des faits et actes privés dans notre pays, entre les sujets de LL. EE.? Et qui luy a donné le droit de contreroller les arrêts de nos souverains ?

« Mais continuons notre examen. L'extrait qu'elle donne du malheureux contract de 1713 est fidèle. C'est le seul endroit où elle accuse juste et dise les choses telles qu'elles sont. Elle avoit emporté son double avec elle. Elle dit ensuite que *j'ay joui de ses biens jusqu'en 1726 sans en faire dresser aucun inventaire, ce qu'il étoit aisé d'ometre avec une jeune personne*. Comment peut-elle se plaindre à cet égard ? Il y en avoit un, passé en justice à Monstrueux *(Montreux près Vevey)* après le décès de son père. L'on en avoit tiré diverses copies, signées du Curial. L'une me fut remise ; les autres restèrent entre les mains de ses parents. Je leur donnai une décharge des effets qu'ils me remirent. Ces effets consistoient en biens-fonds qui ne sauroient être distraits sans qu'on s'en apperçoive, en meubles qui dépérissent par l'usage et en quelques papiers dont je ne me rapelle pas la juste valeur, mais qui n'eccédoient pas mille escus. Je soudai d'ailleurs un compte final de partages entre son cousin de la Tour et elle. Nous en avions chacun un double signé de tous les intéressés. Il me semble que ces précautions étoient plus que suffisantes et il faut bien qu'elles ayent parû telles à ses parents, puisqu'ils n'ont rien exigé de plus de moy à cet égard quoyqu'ils y eussent un intérêt particulier en cas de mort sans enfants et *ab intestat* de la complaignante.

II

« En automne 1725, elle fut à Aix en Savoye pour quelques douleurs. M. Doué, à qui par parenthèse je te prie de faire mes compliments, l'y accompagna. De là elle fit un tour à Chambéry. Elle passa quelques jours à Genève, où quelques dames, entr'-autres Mme de Gallatin, la régalèrent. Elle ne put s'empêcher de leur témoigner combien elle étoit charmée de la Savoye et dégoûtée de notre pays. Des gens d'honneur m'ont assuré ce fait. J'ay apris dès lors *(depuis lors)* que ce fut dans ce voyage qu'on commença de l'ébranler par les promesses et les caresses qu'on luy fit.

« Elle fut malade cet hyver-là. Mon oncle de Vullierens (1) nous ayant fait l'honneur de nous venir voir, elle luy dit en propres termes qu'il entendroit parler l'été suivant d'un événement extraordinaire au sujet d'une dame du pays. Preuve qu'elle se préparoit de longue date à faire son coup.

(1) Le manuscrit porte *Vllierens ;* et pour ne pas effaroucher le lecteur, nous sommes obligés de corriger cette graphie germanique, et d'écrire *Vullierens.*

Nous aurions aimé à corriger semblablement le nom de Mme de Warens ; mais la graphie en est consacrée par un trop long usage. Le double W lui donne une apparence germanique qui est absolument déplacée ; car M. et Mme de Warens étaient tout Vaudois par leurs origines et leurs relations, et le village de Vuarrens est situé dans le Gros de Vaud, à deux lieues au sud d'Yverdon.

« Elle eut, environ le printemps 1726, la précaution de faire venir M. Viridet, médecin à Morges, dans le dessein de se faire conseiller d'aller aux eaux, remède qui est une selle à tous chevaux. M. Viridet, qui connut qu'il y avoit plus d'inquiétude d'esprit que de réalité dans sa maladie, la voyant déterminée à prendre celles d'Amphion, n'eut garde de la contredire. Sous ce prétexte, elle disposa toutes choses pour l'exécution de son projet.

« La manufacture qu'elle avoit établie, et qui avoit eu ses commencements en 1724, luy en fournit un autre pour emprunter des sommes considérables, dont tu peux voir la valeur et la date dans l'inventaire du mois de septembre 1726. Elles ne te sont pas inconnues, puisque tu en as fait les payements. Elle a emporté celles qui furent empruntées à cette occasion dans l'hyver de 1725 à 1726 et jusqu'au tems de son départ. Elle les a emporté, dis-je, ou du moins la plus grande partie; et pour ce qu'elle peut avoir employé des dittes sommes en achapt de soyes, etc., ou à payer les ouvriers, elle s'en est plus que dédommagée par les marchandises mêmes qu'elle a pris avec elle en partant de Vevay, ou que Saint-André luy a fait tenir à Evian. Cela luy fut d'autant plus facile que je n'avois point de part à la manufacture. Tu trouveras cet inventaire et l'état de mes prétentions contre la ditte parmi mes papiers. Quand l'inventaire seroit égaré, on pourroit toujours le trouver chés le secrétaire-baillival Grenier.

« Sur la fin de juin 1726, un débordement d'eaux fit un dégât très considérable à Vevay et aux environs. Les caves, jardins, pressoirs, en un mot tous les bas furent sous l'eau. A peine y eut-on mis ordre, qu'elle prit occasion d'une lessive générale pour mettre tout le plus fin et le meilleur linge à quartier.

« LL. EE. députerent en juillet M. le trésorier de Watteville pour examiner sur les lieux mêmes les dégâts causés par les eaux. Elle choisit justement ce temps-là pour celuy de son départ. L'occupation que me donnoit la réparation des dégâts faits par les eaux à notre maison et à notre campagne, m'empêchoit d'être du voyage. Tout sembloit concourir à faciliter son entreprise.

« Comme elle prenoit toujours avec elle beaucoup de bagage pour le moindre petit voyage, et que celuy-ci devoit être de plusieurs semaines. les personnes qui n'étoient pas du complot ne s'avisèrent pas de faire attention qu'elle s'en chargeoit plus qu'à l'ordinaire. Outre que pour luy aider à faire ses paquets, elle ne se servit que d'une proselyte qui la suivit en Savoye quelques semaines après son évasion. Comme nous avions porté un enfant à cette femme *(comme parrain et marraine, au baptême)*, qu'elle venoit souvent dans la maison, et qu'elle avoit veillé ma déserteuse pendant sa maladie, il n'y avoit lieu à aucun soupçon. Obligé d'accompagner sa Grandeur *(M. de Watteville)*, tant par mon respect pour Elle que comme député du conseil de Vevay dont j'étois membre, il m'étoit impossible de m'apercevoir de cette intrigue, et un événement pareil à celuy de son évasion ne pouvoit pas naturellement m'entrer dans l'esprit.

Ma déserteuse disposa toutes choses pour

partir pendant la nuit, sous prétexte d'éviter la chaleur du jour, trouvant apparemment que rien ne convenoit mieux à une œuvre de ténébres que les ténébres mêmes. Ce fut celle du 13 au 14 juillet. Le jour qui précéda ce départ, je luy dis qu'il seroit à propos de serrer la vaisselle d'argent qui ne m'étoit pas absolument nécessaire. Elle le fit, et mit en ma présence tout ce que nous avions de meilleur en ce genre dans le buffet où nous avions accoutumé de la serrer, lorsque nous sortions de la ville, à la réserve de deux chandeliers, un bougeoir, deux cuilliers, autant de couteaux et de fourchètes, une caffetière et un pot à thé qu'elle prenoit, disoit-elle, pour son usage pendant son séjour à Evian. Et ayant mis la clef du dit buffet dans un armoire, où il y en avoit plusieurs autres, elle me donna la clef du dit armoire. Il resta donc justement pour mon usage quelques vieilles cuilliers et fourchètes et une salière à l'antique, en un mot uniquement ce que tu as trouvé parmi mes effets. Comme je sortois peu après, elle me dit qu'elle avoit oublié quelque chose dans le dit armoire, je luy donnai la clef qu'elle me rendit à mon retour.

Je soupai ce soir-là avec sa Grandeur chés M. Couvreu. Ma déserteuse prit cet intervalle pour transporter les coffres et bagages au bateau, soit brigantin, car c'en étoit un. Elle n'oublia pas la vaisselle d'argent q u'elle avoit enfermé le dit jour en ma présence, et dont elle avoit eu soin de s'emparer avant de me rendre la clef de l'armoire des clefs. Sous prétexte de tenir son ménage à Evian, elle prit la batterie de cuisine, la vaisselle d'étain, etc., tout le plus fin et le meilleur linge, couvertes, matelas, ses joyaux et ses nippes ; en un mot tout ce que tu peux lire dans le détail que je produisis des effets qu'elle m'avoit emporté lors de l'inventaire de 1726, et même au-delà. Tu trouveras cette liste dans mes papiers.

Outre cela, elle emporta une bonne partie de marchandises de sa manufacture. Ce qui, n'ayant pu se faire à l'insçu de Saint-André, donne grand lieu de soupçonner qu'ils étoient d'intelligence.

A mon retour, je trouvai qu'elle s'étoit

enfermée dans sa chambre, sous prétexte de dormir, quoyque ce fût, suivant les apparences, le tems qu'elle prit pour achever ses paquets, c'est-à-dire serrer l'argent qu'elle emporta et ses joyaux. Comme je n'y entendis point de bruit, quoyqu'il y eût de la lumière, qu'elle tenoit toujours dans sa chambre depuis sa dernière maladie, je fus me coucher, avec ordre aux domestiques de m'avertir dès qu'elle seroit éveillée. Ce qu'elle empêcha qu'on ne fit jusqu'au moment du départ. Sur les deux heures du matin, elle vint me dire adieu. Elle ne vouloit absolument point que je me levasse. Je le fis cependant, jettant seulement ma robe de chambre sur moy. Je la sentois tremblotter en la conduisant au bateau, tant elle craignoit apparemment d'être découverte. Mais nous étions tous si aveuglés sur son compte, qu'à peine en aurions-nous cru nos propres yeux. Elle avoit même poussé la dissimulation si loin que dans le tems même qu'elle tramoit ce beau coup, elle me témoignoit une cordialité toute particulière. Elle emmena avec elle la Chenebié, de Vevay, qu'elle avoit pris exprès pour luy servir de fille de chambre pendant son séjour à Evian. Ce fut en sortant de la maison pour aller s'embarquer, qu'elle donna à porter au pauvre Pierre, sous le nom de toilette, une cassette qu'elle n'avoit pas voulu envoyer au bateau avant elle. Il est vray qu'elle luy avoit servi à cet usage. Mais pour cette fois-ci elle y avoit mis l'argent qu'elle emportoit et ses joyaux. Pierre l'accompagna jusqu'à Evian. Il m'a dit depuis qu'il avoit trouvé cette cassette bien pesante. Il est plein de vie, à ce que je crois, il pourra te le dire luy-même. C'est un honnête homme, tu en as vû des preuves dans la garde et vente de mes effets. Certainement, s'il avoit sû ce qu'il portoit, il me l'auroit dit, et le coup auroit échoué. Mais je ne crois pas que j'en eusse été plus heureux.

Si tu as occasion de luy rendre service, je t'en aurai obligation et je t'en tiendrai compte. J'ay oublié de te dire en son lieu que je menai le dit Pierre avec moy à Evian et à Annecy. Son nom est Früschy. Il est du village de Saanen en Gessenay ou des environs.

Je fus ensuite si occupé à faire réparer les désordres du débordement que je n'eus point de tems à moy pour aller à Evian jusqu'au 4 d'août, qui étoit un dimanche. Dans cet intervalle, je reçus diverses lettres d'elle, très cordiales.

« Je fus à Evian avec M. Couvreu et quelques autres. Nous y vînmes dans un brigantin. Quand je fus chés la ditte dame, elle me dit que ne m'ayant pas vû de quelque tems, elle me prioit de ne pas sortir ce jour-là. Je le fis d'autant plus volontiers que des affaires indispensables m'appelant pour le lendemain à Vevay, il falloit m'en retourner avec ces messieurs qui partoient le même soir. Elle craignoit que je ne découvrisse le coup, et tout concourroit à me boucher les yeux.

« Mme de Bonnevaux y vint comme nous dînions. Elle ne fit qu'entrer et sortir. Je me levai pour l'accompagner. Elle ne vouloit pas et me dit trois fois : « Ne quittés pas votre femme. » Je ne laissai pas de la conduire à la porte. Elle a prétendu dès lors qu'elle m'avoit voulu insinuer par ces paroles l'intention de ma déserteuse, et d'y mettre ordre. Je laisse à juger à tout homme de bon sens si on peut y donner une telle interprétation.

« *Nota bene* que la ditte dame de Bonnevaux a été une des principales entremeteuses dans cette affaire, et qu'elle se met sur le pied de convertisseuse. Quand le diable fut vieux il se fit hermite.

« Je voulois luy aller faire visite l'après-diner, mais ma déserteuse m'en empècha. Tout luy faisoit ombrage. Elle craignoit qu'il n'échapât quelque chose à la ditte dame qui découvrît le pot aux roses, qui étoient cependant sur le point d'éclore.

« Quand nous fûmes seuls, ma déserteuse souhaita que je lui envoyasse le dictionnaire de Bayle, dont la lecture l'amuseroit, disant qu'elle s'ennuyoit beaucoup et qu'elle étoit presque toujours seule. J'avois une fort belle canne à pomme d'or, qu'elle me demanda aussi pour se promener en prenant les eaux, tant il luy fâchoit de me laisser la moindre chose dont elle pût tirer parti. Comme je ne savois rien lui refuser, je remis l'un et l'autre à Saint-André qu'elle m'avoit prié de luy envoyer le lendemain, ayant à lui parler pour les affaires de la manufacture, et qui les luy porta.

« Mes compagnons de voyage vinrent luy faire visite. Nous prîmes le caffé ensemble ; puis, sortant, ils me dirent qu'ils me feroient avertir lorsqu'ils seroient prêts à partir. Le reste du tems que je fus avec elle, elle soupiroit et me disoit de tems à autre : « Mon cher mari, que deviendras-tu ? » C'étoit apparemment un reste de remords de conscience, mais qui furent bientôt étouffés, preuve en soit ce qui se passa le soir même de notre départ. Comme elle étoit sujette aux vapeurs, je crus que ce n'étoit qu'un effet de cette maladie et je tâchai de la tranquiliser.

L'heure du départ arrive. L'on m'avertit. Je prends congé d'elle. Elle témoigne autant d'amitié qu'elle ait fait de sa vie. Elle m'accompagne dehors de la maison, dont le derrière donne sur le lac, jusqu'au bord de ce dernier, les larmes aux yeux. Je voyois quelques gardes du roy là autour. Il ne me seroit pas entré dans l'idée qu'ils étoient là pour nous guetter. Cependant rien n'étoit plus vray, et j'ai sû depuis que ma déserteuse avoit déjà donné sa parole à l'évêque d'Annecy. Nous partîmes. Elle accompagna le brigantin des yeux. Mais de quelle dissimulation une femme n'est-elle pas capable ! J'ai sû de bon lieu, mais longtemps après, qu'à peine eut-elle tourné le dos que la fille qui la servoit luy dit : « Madame, vous avés un bon mari. — Si vous le croyés ainsi, répondit-elle, prenés-le, il sera bientôt sans femme. »

« Dans le tems que nous commencions à voguer, nous aperçûmes le roy de Sardaigne à cheval, avec plusieurs seigneurs de sa cour, revenant de la promenade. Quelques-uns de nos messieurs ne l'avoient pas vû, l'on aborda, et ils descendirent à terre. Je restai dans le bateau avec d'autres. Quand le roy fut passé, ces messieurs remontèrent et nous partîmes.

« L'on m'a assuré que comme sa Majesté entroit dans Evian, ma déserteuse, qui logeoit dans une maison du sieur Bugnet, qui est fort près de la porte, s'alla jetter à ses pieds pour luy demander sa protection et du pain. A quoy le roy doit avoir répondu : « Je vous accorde l'une, et j'aurai soin que vous ne manquiés pas de l'autre. » Ce qu'il y a de certain, c'est que le même soir, elle changea de logement et vint chés Mme de Bonnevaux, où l'on eut soin de la divertir et de la garder à vue, comme si l'on avoit craint qu'on ne la vînt enlever.

« Nous ne fimes guère plus de deux lieues ce soir-là. Le mauvais temps nous surprit. Il tomba beaucoup de pluye et même de la grêle. Bien nous en prit d'avoir des provisions avec nous, car le vent fut si contraire que nous fûmes obligés de passer la nuit sur les côtes de Savoye. Nous nous accordâmes du mieux que nous pûmes dans notre brigantin, qui valoit encore mieux que les hûtes savoyardes. Nous entendîmes des patrouilles de tems à autre. Elles roulèrent toute la nuit. Je ne doute point que ce fût pour nous observer, et qu'un drôle, qui traversa le lac avec nous, ne fût une espèce d'espion. Car j'ai été convaincu dans la suite qu'il avoit servi de messager entre Mme de Bonnevaux et ma déserteuse, dans la correspondance qu'il y a eu entr'elles avant l'arrivée de la dernière à Evian.

« Nous arrivâmes à Vevay le lundi 5e au matin. Je dis à Saint-André que ma déserteuse souhaitoit qu'il se rendît ce jour-là auprès d'elle. Il partit, et luy porta ma canne et Bayle que je luy remis.

« Il revint le mardi 6e et me dit qu'il falloit qu'il envoyât à la ditte dame un tonneau soit bâlot de marchandises, et cela le même jour. Cet ordre si prompt me surprit. Mais il me dit que la ditte dame le vouloit absolument et qu'elle l'avoit grondé sur ce qu'il avoit voulu luy faire quelque représentation là-dessus, luy disant qu'elle avoit occasion en main de s'en défaire avec avantage. Il fit donc le bâlot qui étoit très gros, et l'expédia l'après-midi par un bateau d'Evian qui l'avoit amené et qui attendoit cette charge.

« Cette expédition faite, il fut à Lausanne. Je ne me rappelle pas au juste s'il y alla le même soir ou seulement le lendemain matin.

Ce que je sai, c'est que le mercredi au soir, 7e d'août, il vint de Lausanne et m'abordant derrière l'Aîle où je me promenois : « Monsieur, me dit-il, vous n'avés plus de femme. — Comment donc ? dis-je tout étonné. — Non, Monsieur, me répondit-il, elle est partie ce matin d'Evian pour suyvre le roy à Turin. — En êtes-vous bien sûr, luy dis-je ? — C'est le bruit général à Lausanne. » me dit-il. J'étois si aveuglé que je n'en pouvais rien croire.

« Je revins à la maison ; et en chemin faisant, je réfléchis qu'il n'y avoit point de fumée sans feu. Je m'avisoi pour lors de chercher dans l'armoire des clefs celle du buffet où elle avoit serré la vaisselle d'argent en ma présence. Je fus surpris de n'y point trouver cette clef. Dans tout l'intervalle qui s'étoit écoulé depuis son départ, n'ayant eu aucune occasion de faire usage de quoy que ce soit de ce qui devoit être dans ce buffet, il ne m'étoit pas venu à l'esprit d'y regarder. Enfin je la trouvai, cette clef ; mais tu ne devinerois jamais où elle l'avoit mise. J'allais faire ouvrir le buffet, et il auroit fallû pour cela la main du serrurier, quand le pur hazard me la fit trouver. Ayant vuidé ce qu'il y avoit dans l'armoire pour la chercher partout, quelqu'un de ceux qui étoient avec moy, regardant dans une vieille boëte à thé, en tira du coton dont elle étoit remplie, et dans lequel la ditte dame avoit mis cette clef et celle de son garderobe. Cette vue me frappa et m'apprit mon malheur. Pour achever de m'en convaincre, j'ouvris le buffet et trouvai les oiseaux hors du nid. J'ouvre son garderobe : elle en avoit tout enlevé ; à peine laissa-t'-elle des guenilles. Cela me mit dans l'état que tu peux t'imaginer.

« Le trouble où j'étois ne me laissant pas la liberté de me déterminer sur le parti que j'avois à prendre, j'envoyai chercher un ami. Je luy dis le cas. « Ce que vous voyés, luy dis-je, et le bruit qui court sont des preuves qu'elle déserte, mais non pas qu'elle soit déjà partie. Je crains qu'en allant moi-même sur les lieux pour m'en informer, je ne fisse que m'exposer. — N'y allés point, dit-il, envoyés-y plustôt quelqu'autre. »

Nous convînmes ensuite qu'il falloit que ce fut Saint-André. Je le priai de partir dans la nuit même ; ce qu'il fit, avec Pierre que je jugeai à propos de luy donner pour compagnie. « Informés-vous, luy dis-je, au juste de tout et m'en donnés avis incessament. » C'étoit la nuit du mercredi au jeudy.

« Le jeudy matin 8e, un homme de Lausanne, dont je ne me rappelle pas le nom et qui venoit d'Evian, vint chés moy m'apprendre qu'il n'étoit que trop vrai que la ditte dame étoit partie le jour auparavant mercredi 7e d'août de bon matin d'Evian, qu'elle avoit traversé toute la ville à pied, conduite par deux gentilshommes de la suite de sa Majesté ; qu'à la porte d'Alinges elle étoit montée en carosse avec une demoiselle d'Evian que j'ai vû près d'elle à Annecy, pour luy tenir compagnie, et que huit gardes du roy escortaient le carosse.

« Entre une et deux de l'après-midi, deux bateliers venant d'Evian me dirent avoir rencontré Saint-André et qu'il leur avoit dit de venir chés moy. « Nous avons, me dirent-ils, ce matin ouï le roy, au sortir de la messe, ordonner au sieur Bugnet d'avoir soin de faire partir les hardes de Mme de Warens. Nous avons vû embarquer les coffres et bâlots pour Genève. Tout étoit sous le cachet et les armes du roy. »

« Là dessus, après avoir pris un bouillon (car par parenthèse je n'avois avalé quoyque ce soit dès le dîner du jour précédent) je montai à cheval avec un voisin qui m'accompagna et j'arrivai le lendemain, à porte ouvrant, à Genève. Je consultai deux personnes de ma connoissance, gens d'honneur, sur l'arrêt des dits effets. Mais sur ce qu'ils m'assurèrent que je ne l'obtiendrois pas, parce qu'ils passoient sous le nom et sous le couvert du roy, je ne poussai pas ma pointe et m'en revins au logis. Et je crois que je pris le bon parti. J'aurois d'ailleurs manqué le principal qui était la cassette que la voyageuse avoit eu soin de prendre avec elle dans le carosse.

« Le lendemain de mon retour, M. le châtelain de Vevey prit la peine de me venir voir. Il m'apprit l'arrêt de LL. EE. portant confiscation à leur profit des biens de leurs sujets qui changeoient de religion, et me dit qu'il étoit mortifié d'être obligé par sa charge de procéder à l'inventaire des effets de la dame, et qu'il n'étoit point venu pour me faire de la peine, mais pour consulter avec moy sur la manière de nous y prendre. Je le remerciai de son honnêteté et je luy dis que quoyque le bruit courût que l'évadée avoit changé de religion, il n'y avoit encore pointde certitude de son abjuration, et que d'ailleurs mon dessein étant d'aller me jetter aux pieds de LL. EE., je le priois de vouloir suspendre les choses jusqu'à mon retour de Berne. Il me répondit qu'il ne demandoit qu'à être à couvert des reproches qu'on pourroit luy faire. Cela étoit juste. Je luy fis une déclaration par écrit que c'étoit à ma requête et pour les raisons ci-dessus, qu'il avoit suspendu ses suites, et il s'en contenta.

« Je reçus dans ces tems-là une lettre de la ditte dame, dattée du 10 août, mais sans lieu de place. Elle m'annonçoit son changement de religion, qu'elle ne l'avoit fait que pour suivre les mouvements de la conscience, et prioit Dieu de vouloir me toucher le cœur, et m'éclairer par son Saint Esprit.

« Peu de jours après, j'en reçus une autre d'Annecy. Elle m'exhortoit à suivre son exemple,ou du moins de luy donner la consolation de me voir. Je ne voulois absolument point y répondre. Mais Fontannes, dont tu m'avois procuré l'assistance, étant avec moy à Vevay, me porta à le faire à la première. Je luy écrivis et luy témoignai ma surprise de sa démarche, et le triste état où elle m'avoit mis. J'évitai les reproches, parce-qu'ils étoient inutiles. Nous l'envoyâmes par Saint-André qui nous rapporta la réponse par laquelle elle me pressoit de l'aller voir. Je la laissai sans réplique.

« Nous partîmes pour Berne, Fontannes et moy. A notre retour, j'en reçus une autre par laquelle elle me demandoit encore instamment de me rendre auprès d'elle, et que j'aurois lieu d'en être content.

III

« L'article de sa requête qui regarde la prétendue donation entre vifs, passée en ma faveur à Annecy au mois de septembre 1726, part de la malice la plus noire. Il tend uniquement à donner de moy des impressions sinistres en supposant des faits directement opposés à la vérité, sans qu'il en revienne aucun avantage réel à la personne qui les forge. Mettons ce fait au jour. Détaillons-en toutes les circonstances. Je ne risque rien en le faisant. Il ne s'y trouvera quoyque ce soit qui porte atteinte au caractère de chrétien protestant et d'homme d'honneur, titres qui me sont infiniment plus chers que la vie, et dont j'espère avec l'aide de Dieu faire profession jusqu'à mon dernier soupir.

« Ne diroit-on pas à l'entendre que je me rendis exprès à Annecy pour faire fabriquer cette belle pièce ? Il n'en est cependant rien. Je ne fis ce voyage que sur les pressantes prières qn'elle m'en fit par deux lettres datées d'Annecy. J'y avois même une telle répugnance que je n'y aurois pas été du tout si le pauvre défunt Fontannes, qui étoit chés moy à Vevay lorsque je reçus la dernière, ne m'avoit pas disposé à le faire. C'étoit peu de jours après notre retour du premier voyage à Berne où il m'avoit accompagné, et dans le tems que nous étions occupés à dresser l'inventaire ordonné par LL. EE. Il trouva que je pourrois retirer quelque utilité de cette course, et que du moins elle ne pourroit me causer aucun préjudice. Je me rendis à ses raisons.

« J'arrivay à Annecy le 24 septembre sur le soir. Comme ma déserteuse logeoit chés les dames de l'Annonciade (1), je ne jugeai pas à propos de l'aller voir ce jour-là. Je me contentai de luy envoyer Saint-André qui m'avoit accompagné dans cette course, pour l'avertir de ma venue et luy dire que je la verrois le lendemain. Elle me fit prier de venir le matin, à une telle heure. J'y fus. Je la trouvai au lit, situation qu'elle avoit apparemment choisie pour couvrir une partie

(1) Je me suis trompé à l'égard de cette maison, ce n'est pas chés les dames de l'Annonciation que ma déserteuse logeoit. C'étoit chés les dames de la Visitation. Il y a deux maisons de cet ordre dans Annecy, l'une appelée de la grande Visitation, qui est celle-ci, et une autre que l'on nomme de la petite Visitation et qui est hors de la ville sur une hauteur et relève de la première. *(Note de M. de Vuarrens.)*

de sa confusion. Elle me demanda pardon, toute en larmes. J'avois toujours été si aveuglé sur son compte, et luy avois laissé un tel ascendant, que j'avoue naturellement que cette scène m'attendrit. Elle abattit une bonne partie de mon ressentiment, et je fus même quelque tems sans pouvoir prononcer une parole. Ayant eu celui de me remettre, et de réfléchir que je n'étois pas dans un lieu propre à la quereller, je crus que le parti de la douceur étôit le seul à prendre. Je me trouvai bien de l'avoir suivi, car l'on étoit aux écoutes. Dès que j'eus ouvert la bouche pour luy faire sentir les fatales conséquences du parti qu'elle venoit de prendre, elle me pria de regarder dans un tel endroit, derrière la tapisserie de sa chambre. Je le fis, et ayant ouvert une espèce de petit armoire, je vis qu'il avoit une porte s'ouvrant du côté du cloître. En un mot, il étoit tel que le double guichet par lequel on tend aux chartreux leurs vivres. Ce qui fît que nous parlâmes bas, pour être plus en liberté. Et étant seuls dans sa chambre, qui que ce soit ne fut à portée de nous entendre. Je commençai par la religion.

Je luy représentai, aussi fortement qu'il me fut possible, qu'abandonner une église dont on a sucé les principes avec le lait, pour se jetter dans les bras d'une autre, sans se donner le tems d'en examiner auparavant la doctrine, ne laisseroit pas d'être une très fausse démarche, quand même la dernière se trouveroit la véritable : que ce qui aggravoit la sienne et la rendoit inexcusable, étoit que de toutes les églises du monde chrétien, celle qu'elle venoit de quitter était la plus conforme à la pureté de l'église primitive, tant pour le culte que pour les dogmes : que c'étoit justement le contraire de celle dont elle venoit de se faire membre ; que le clergé en avoit défiguré le culte par des coutumes et des cérémonies empruntées du paganisme, et que pour les dogmes ils étaient si fort remplis d'absurdités, de fables et d'erreurs grossières, qu'il étoit impossible qu'elle les crût de bonne foy, quoyqu'elle les professât de bouche ; quelle pouvoit tromper les hommes, mais non pas Dieu ; qu'apparemment, éblouie par les promesses qu'on luy avoit faites pour la gagner, elle avoit cru pouvoir accorder son ambition avec sa conscience; qu'elle pouvoit endormir cette dernière pour un tems, mais qu'elle se réveilleroit tôt ou tard; que la suite, suivant toutes les apparences, ne répondant pas aux espérances qu'elle avoit conçues, elle sentiroit alors vivement toute la grandeur de sa faute; et que, malgré mon juste ressentiment, je ne laissois pas de prier Dieu de tout mon cœur de luy faire la grâce de s'en relever un jour.

J'y ajoutai que quand même elle ne se seroit déterminée à changer qu'après connoissance de cause, cela n'empêcheroit pas que la manière dont elle s'y étoit prise pour exécuter son projet ne luy fit grand tort dans le monde, même dans l'esprit de ceux de son parti; que déserter un mari, de qui elle n'avoit jamais eu lieu de se plaindre, et en décampant, le dépouiller de tout ce dont elle avoit pu se garnir les mains, étoit une action impardonnable, et que je payois bien cher toutes les foiblesses que j'avois eu pour elle.

M'ayant laissé parler jusques là sans m'interrompre, elle prit la parole. Elle n'excusa point son changement par des motifs de conscience ; au contraire, elle laissa paraître tant d'indifférence à cet égard que j'en fus frappé. Elle me dit que le dérangement de nos affaires l'avoit en partie portée à faire ce coup ; qu'on l'avoit flattée d'honneurs à la cour de Turin ; que ce qu'elle m'avoit emporté étoit pour avoir de quoy vivre en attendant qu'elle eût une place ou une pension fixe ; que d'ailleurs m'ayant connu très tolérant en matière de religion, elle avoit crû qu'elle pourroit me porter à suivre son exemple ; qu'en ce cas-là, je pourrois compter de n'être pas oublié, et que l'on me donneroit une place qui me dédommageroit grassement de ce que j'abandonnerois dans mon pays. Je lui répondis qu'il falloit qu'elle eût bien peu appris à me connoître, dans douze ou treize ans que nous avions vécu ensemble, pour me faire une telle proposition, et encore moins s'imaginer que je la pusse goûter ; que la tolérance dont je faisois profession à l'égard de ceux d'une créance contraire à la mienne, n'avoit rien d'incompatible avec les principes de ma religion, de la vérité de laquelle j'étois si persuadé que rien au monde ne seroit capable de me la faire abandonner. Changeant ensuite de thèse, je luy communiquai le pied sur lequel les choses étoient au pays, au sujet de son évasion, l'arrêt de LL. EE., émané quelques années auparavant, qui confisque à leur profit les biens de ceux de leurs sujets qui changent de religion, mon premier voyage à Berne, et que le baillif de Vevay avais pris un inventaire exact de ses biens et effets pour l'envoyer à LL. EE. suivant leurs ordres. Je luy représentai combien l'état où elle m'avoit mis étoit triste ; que la confiscation n'étoit pas la seule chose que j'avois à craindre ; que l'ayant autorisée dans les emprunts qu'elle avoit faits pour sa manufacture, dont elle avoit distrait les fonds, je serois obligé de rembourser les créanciers ; que d'ailleurs ses parents ne manqueroient pas de se remuer pour me faire de la peine, et que dans une situation aussi rude, je ne savois où donner de la tête.

« — Je sens fort bien tout cela, me dit-elle. Je n'y sai point de meilleur remède que de suivre le parti que je vous ai proposé ; et en ce cas rien ne sera plus aisé que d'obtenir main levée des sommes qui sont dûes à votre père dans ce pays-ci. — Le remède, lui dis-je, seroit pire que le mal. Comment osés-vous me proposer de pareilles démarches ? Il est inutile de m'en parler. — Vous avés tort, me répondit-elle, mais quoy qu'il en soit je suis disposée à faire tout ce qui sera en mon pouvoir pour vous assurer la possession tranquille de mes biens. Il ne s'agit que de voir la manière de s'y prendre. — Il n'y a que deux voyes, lui dis-je, le testament et la donation entre vifs. Aucun des deux n'est de poids contre la confiscation, et la donation ne peut m'être de quelqu'ûtilité que contre les autres prétendants. »

Voilà le récit fidèle de ma première conversation, dans lequel j'ay tâché de me rappeller, autant que ma mémoire me l'a pu permettre, les propres termes dont nous nous sommes servis. Là dessus elle se leva. Nous déjeunâmes avec une demoiselle d'Evian qui luy servoit de compagnie et Saint-André, qui entrèrent pour lors dans sa chambre. Après quoy, me priant d'attendre son retour, elle fut entendre la messe, y ayant une communication de son appartement à l'église.

Cet intervalle fut assés long pour me donner le temps de faire mes réflexions. L'aveuglement où j'avois toujours été sur le compte de cette femme m'avoit empêché de connoître tout ce de quoy elle étoit capable. Le peu de cas qu'elle me parut faire de toute sorte de religion, l'air cavalier sur lequel elle m'en parla, l'irrégularité des propositions qu'elle me fit, son subit changement de la tristesse à la joye, et plusieurs autres circonstances achevèrent de m'ouvrir les yeux. J'en étois indigné. J'aurois voulu être bien loin ; mais il s'agissoit de se tirer de ce mauvais pas, de bonne grâce. Je conçus que quoyqu'une donation entre mari et femme fût nulle en droit, cependant, comme elle ne pourroit se dispenser de faire coucher cet acte en des termes qui me fussent favorables, ce seroit une espèce de justice qu'elle rendroit aux bonnes manières que j'avois toujours eu pour elle ; que du moins ce seroit une bride qui l'empêcheroit de se répandre dans la suite en invectives contre moy. Voilà ce qui me détermina à user de politique et à ne me servir que de la voye de la douceur ; outre que le lieu ni les circonstances n'en permettoient aucune autre.

A son retour, elle me dit qu'elle avoit consulté des gens de pratique au sujet de la donation ; qu'elle les avoit chargés d'en dresser la minute dans les termes les plus favorables et dans la meilleure forme possible ; qu'on devoit la luy apporter sur le soir et qu'elle me la donneroit à examiner. Je luy répondis que cela étoit fort bien. Elle ajouta qu'elle espéroit que ce qu'elle faisoit pour moy, m'engageroit à ne pas l'abandonner ; qu'elle étoit mortifiée que l'austérité de la maison où elle étoit, l'obligeât de me laisser coucher à l'auberge ; mais que, lorsque je voudrais la revoir, comme elle m'en prioit, elle me recevroit dans une maison particulière où elle prenoit un apartement. Je luy laissai croire ce qu'elle voulût au sujet d'une seconde visite, et me contentai de luy dire, par rapport au reste, que la situation où je me trouvois m'empêchoit de m'engager à quoyque ce soit.

Nous dinâmes ensuite dans la chambre. L'après-dîner, un abbé de distinction, dont je ne me rappelle pas le nom, m'y vint voir. Il se jetta sur la controverse. C'étoit un homme savant et très poli. Après moins d'un quart d'heure de conversation, je luy dis que je connaissois trop la différence qu'il y avoit entre les deux religions, et que j'étois trop persuadé de la vérité de la mienne pour me laisser ébranler ; qu'ainsi je le priois de se dispenser de m'en parler plus outre. Il me répondit qu'il n'étoit pas venu pour me faire de la peine, et nous ne parlâmes plus que de choses indifférentes. La ditte dame, qui par parenthèse avoit jugé à propos de nous laisser seuls, rentra. Nous prîmes le caffé et l'abbé se retira.

Peu après, un des prêtres qui desservent l'église de saint François de Sales me vint voir. Il voulut aussi me tâter le poulx ; mais comme il étoit réellement un de ceux que l'on appelle pauvres prêtres, je ne fis que le turlupiner, et ne jugeai pas à propos de lier avec lui une conversation sérieuse. Dès que je fus débarrassé de ces visites, j'allai chés madame la marquise de Sales, qui avoit envoyé le matin son domestique à mon auberge me faire ses compliments. J'y restai une demi heure, et nous ne parlâmes assurément pas de religion. De là, je fus chés M. l'abbé pour luy rendre sa visite. Il n'y étoit pas. Je restai un moment avec M. son frère qui est officier de cavalerie, et nous ne parlâmes que du service. Je trouvai à mon retour, dans la chambre de ma déserteuse, un gentilhomme piémontois qui m'y attendoit, et qui est intendant de ces quartiers-là, ou quelque chose d'approchant. Il ne se jetta pas comme les autres sur la controverse. Il tâcha de me gagner par de belles promesses, m'insinuant qu'il avoit des ordres pour cela. J'y coupai court, en luy disant que si j'avois deux âmes, peut-être pourrois-je me laisser assés éblouir par quelqu'avantage considérable pour en sacrifier une ; mais que n'en ayant qu'une, elle n'étoit à vendre à aucun prix. Là dessus il se retira.

Si l'on peut appeler mes réponses des insinuations ou des espérances de changement de religion, je n'ay rien à dire. Mais continuons. Quand ce gentilhomme se fut retiré, elle me donna la minute de question à examiner. Elle étoit conforme à l'acte qui se passa le lendemain, à un article prés, dont je ne me rappelle pas les propres termes, mais par lequel je me serois engagé à fournir grassement à son entretien. Je n'eus garde de donner dans le piège. Cet article auroit fait *(donné prise)* contre moy sans que l'acte même m'eût apporté aucun avantage réel. Je luy dis en lui rendant cette minute, que je ne pouvois absolument pas me lier à cette clause ; qu'elle me seroit très à charge par le dérangement qu'elle avoit mis dans nos affaires, et que les choses pourroient prendre un tel tour au pays, qui me la rendroit impossible ; qu'ainsi, à moins que la donation ne fût pure et simple, je ne l'accepterois pas.

« — Eh bien, me dit-elle, je ferai retrancher l'article qui vous fait de la peine, mais j'espère que vous aurés soin de moy.—Je vous répète, repartis-je, que je ne puis m'engager à rien. » Voilà toute la part que j'ai eu à la composition de cette pièce, n'ayant vu et encore moins conféré avec ceux qui la compilèrent que lorsque l'on passa l'acte même.

Comme je sortois : — « Nous souperons ensemble, me dit-elle, et pendant que vous ferés un tour de promenade, je mettrai les ordres qu'il faut pour la donation. » J'y soupai et restai avec elle jusqu'entre dix et onze. Elle me dit en la quittant qu'elle me prioit de me rendre le lendemain matin de bonne heure auprès d'elle, et que tout seroit prêt pour passer la donation avant midy.

Je ne puis m'empêcher de mettre ici une particularité, quoyqu'elle ne fasse rien au fait. C'est que, me retirant avec Saint-André à mon auberge, qui étoit dans le fauxbourg, je trouvai la porte de la ville fermée, comme si l'on avoit craint que j'enlevasse la belle.

Le portier qui étoit à quelques pas de là, vint nous l'ouvrir, et je vis deux autres hommes avec luy. Cette précaution nous fit rire. La porte ne s'y ferme pas à l'ordinaire.

Je vins le lendemain, qui étoit le 26 septembre, sur les huit heures, au couvent J'y trouvai la dame au lit. S'étant levée et étant seuls, elle me fit voir une lettre du Roy de Sardaigne, par laquelle Sa Majesté l'assuroit de sa protection, et qu'elle auroit soin qu'elle ne manquât de rien. C'étoit dans le dessein de faire encore une tentative auprès de moy. J'y coupai court en luy disant que je souhaitois qu'elle ne se trompât pas dans ses espérances, que pour moy rien n'étoit capable d'altérer mes sentiments et mes principes.

Lorsqu'on luy eut donné avis que toutes les personnes nécessaires pour passer l'acte en question étoient arrivées, nous passâmes au travers de l'église dans l'apartement du principal prêtre qui la dessert. Avant qu'on en fit la lecture, un de ces messieurs qui y assistoient me dit qu'il étoit surpris que je fisse difficulté sur un article aussi raisonnable que luy paraissoit celuy dont j'avois demandé le retranchement. Je luy répondis que je n'avais garde de me lier par une clause qui pourroit me devenir à charge; que la ditte dame avoit si bien senti que ma situation ne le permettoit pas, qu'elle avoit fait retrancher cet article elle-même; que nous étions assemblés pour passer une donation pure et simple, et que je ne pouvois en accepter aucune autre, ni me lier en quoy que ce soit. « — Nous espérons, me dirent-ils, que quoyque vous ne vouliés pas vous engager par écrit vous ne laisserés pas d'avoir soin de Madame. — Je vous répete, Messieurs, repartis-je, que je ne puis m'engager à rien. »

L'on lut ensuite la donation qui étoit toute dressée, à la réserve des noms. Elle fut passée et acceptée de la manière que tu la trouveras dans l'acte même, qui est parmi mes papiers. Nous déjeunâmes ensuite, et la compagnie s'étant séparée, l'on me fit voir le corps de saint François de Sales, et tout ce qu'il y avoit de curieux dans l'église. Nous dinâmes dans l'apartement du prêtre.

Au sortir de table, je fus admis au parloir où je trouvai l'abbesse, soit supérieure, et quelques religieuses, toutes de la première qualité, auprès desquelles ma déserteuse m'introduisit.

Après les premières civilités: « — Eh bien, Monsieur, me dit la supérieure, n'est-il pas dommage qu'un homme tel que vous vive dans l'erreur ? Croyés-moy, suivez l'exemple de madame votre épouse. Venez parmi nous, vous y serés reçu d'une manière que vous aurés lieu d'être content. — Je fais gloire, Madame, répondis-je, de professer ce que vous appelés erreur. — Croyés-vous donc, me dit-elle, que votre femme soit damnée? — Ma religion m'apprend, dis-je, à ne juger qui que ce soit. » Elle se jetta ensuite sur quelques lieux communs. Je luy répondis de la manière qu'il convenoit à une femme de son rang, et me contentai de luy témoigner que j'étois là uniquement pour luy rendre mes devoirs. Ma déserteuse, prenant alors la parole, dit : « C'est un obstiné, il n'y a rien à gagner avec luy. »

Après avoir resté là environ une demie

heure, je pris congé de ces dames en leur témoignant ma reconnoissance pour toutes les honnêtetés que j'avois reçues dans leur maison. Comme je sortois, une de ces dames me dit : « — Adieu, Monsieur ; j'espère que Dieu vous touchera le cœur et que nous vous verrons un jour parmi nous. — J'espère, Madame, repartis-je, que nous nous reverrons tous un jour dans la vallée de Josaphat. »

Un moment après, étant dans la chambre de la prétendue donatrice, l'on apporta l'acte dressé dans les formes Elle me le remit elle-même. Je sortis, et fus chés le juge-mage, qui acheva d'y mettre les formalités ordinaires et y apposa son sceau.

Voilà le récit fidèle de tout ce qui s'est passé à cette occasion, dans lequel j'ay tâché de me rappeller jusqu'aux moindres circonstances. Peut-on trouver dans tout ce procédé rien qui approche des promesses et des espérances que la requête suppose que j'ay données ? Peut-on taxer de compiler ou faire coucher un acte par écrit, celuy qui le refuse à moins qu'on en retranche une clause à laquelle il ne veut pas se lier? Etoit-il nécessaire d'user de stratagème pour engager la prétendue donatrice à passer un acte, qu'elle et son conseil, gens de pratique, savoient parfaitement être nul en droit? Etoit-ce les surprendre que de ne vouloir pas être leur dupe? Etoit-il besoin de détours pour gagner ceux qui assistèrent à cette stipulation, puisqu'il n'étoit question que d'entendre la lecture de la donation, qui étoit toute dressée à la réserve des noms, et de l'autoriser par leur présence? Je n'ay rien à dire contre le charactère de ces messieurs, dont je ne me rappelle pas même les noms, et que la requète dit être gens de mérite. Je ne leur ai jamais parlé avant ce jour-là, et je ne sache pas d'en avoir vu aucun depuis. J'ignore si quelqu'un d'eux a quelque part à cette requête. Mais que n'a-t-on pas à attendre de l'esprit de parti?

De chés le juge-mage, je fus chés l'intendant soit gentilhomme piémontois, pour luy rendre sa visite. Je n'y restai qu'un moment et me rendis delà chés la ditte dame que je trouvai au lit. Voilà ce qui se passa entre nous pendant le tems qui s'écoula jusqu'au souper. La franchise dont je fais profession ne me permet pas de taire ce fait, quoyqu'elle n'en dise rien dans la requête.

« — Vous partirés donc, me dit-elle, sans que je sache quand j'aurai le plaisir de vous revoir et sans me laisser aucune assurance d'avoir soin de moy ? — Vous connoissés parfaitement, lui dis-je, nos circonstances, et que ma triste situation ne me permet pas de m'engager en aucune manière. » Après un long dialogue qu'il seroit inutile d'insérer ici, elle s'y prit d'une telle façon qu'elle me porta à avoir quelque condescendance pour elle. Pour couper court, je luy fis un billet portant en substance qu'ensuite de la donation passée en ma faveur ledit jour, et au cas qu'en vertu d'icelle j'eusse la possession tranquille de ses biens, je lui ferois la rente annuelle de trois cents livres, argent de Savoye. Je crus que je ne risquois rien en cela, puisque la condition exprimée dans le billet n'ayant pas lieu, il ne me lioit à rien. J'ai eu soin de retirer le billet dès lors *(depuis lors)*, ainsi elle n'étoit pas en état d'en faire usage. Elle se leva, nous soupâmes, et j'y restai jusqu'à une heure après minuit. Elle en eut le lendemain une censure de la supérieure.

Le 27, qui étoit un vendredi, je vins le matin prendre congé d'elle. Comme je la quittois, il luy prit une espèce de défaillance. Elle fut si courte que cela acheva de me convaincre qu'elle étoit une véritable comédienne. Je partis le même jour.

Quelques semaines après, je reçus une lettre de sa part qui seroit suffisante pour démentir toutes les prétendues promesses et espérances que la requête suppose. Elle la finissoit en ces termes : « *Je vous prie de me regarder desormais comme morte, et de ne plus penser à moy que si je l'étois réellement.* » C'est la dernière que j'ay reçu d'elle. Nous n'avons eu aucun commerce dès lors. Je fus en décembre à Berne où LL. EE. donnèrent l'arrêt par lequel, après avoir déclaré les biens de la ditte dame confisqués à leur profit, ils m'abandonnèrent leurs droits, me mettant en leur lieu et place. Il est, si je ne me trompe, du 26 décembre. Tu le trouveras parmi mes papiers. M. de Pluvianes étant à Berne en janvier 1727, je luy écrivis pour le prier de demander un divorce en mon nom, luy envoyant à ce sujet une procure. L'arrêt du consistoire suprême est, je crois, du 5e février. Il est aussi parmi mes papiers. Je n'en ay aucun avec moy.

Environ ce tems-là, il me tomba entre les mains une lettre de ma déserteuse à Saint-André qui logeoit encore chés moy, mais étoit alors absent. Car il est bon de remarquer que sous le prétexte de la manufacture, il y a toujours eu de la correspondance entr'eux. L'envoy qu'il luy fit d'un tonneau de marchandises, la veille du jour qu'elle partit pour Evian ; celles qu'elle a emporté avec elle, ce qui ne s'étoit pu faire à son insçu, et plusieurs autres démarches donnoient de violens soupçons, mais point de preuves réelles. Je n'aurois peut-être pas ouvert cette lettre dont je connoissois parfaitement le charactère, n'eut été l'affectation avec laquelle elle avoit mal orthographié mon nom sur l'addresse. Cela me détermina à l'ouvrir, mais d'une manière à pouvoir la refermer sans qu'il y parût. Elle étoit sans signature, accusant la datte du mois, mais point le lieu d'où elle étoit écrite. Elle luy conseilloit de tirer de moy le meilleur parti qu'il pourroit, et qu'on pourroit en cas de besoin faire usage des armes qu'ils avoient en mains pour cela. Tout cela n'étoit point encore une évidence, je n'y étois pas nommé par mon nom. Le seul parti que j'avois à prendre étoit de dissimuler. Je le fis et je cancelloi la lettre. Je résolus toutefois de retirer le billet en question et de me servir pour cela de Saint-André, comme tu le verras tout à l'heure. Mais pourquoy, dira-t'on, garder cet homme-là si longtems chés vous? Que ne vous en défaisiés-vous plutôt? A cela je réponds qu'il falloit auparavant régler et souder ses prétentions, ce qui ne pouvoit se faire dans l'état ventillant où étoient les choses, et que durant cet intervalle il avoit soin des débris de la manufacture.

Sur la fin de février ou au commencement de mars, je fus obligé de faire un autre voyage à Berne. L'arrêt par lequel LL. EE. éconduirent la famille de la Tour de leur demande doit être parmi mes papiers. Je fus de retour en avril.

Me voyant alors possesseur tranquille (à condition s'entend d'acquiter les charges), je dis à Saint-André qu'il s'agissoit de régler ses prétentions. Il me les remit telles qu'il les avoit produit lors de l'inventaire du mois de septembre 1726. Elles consistoient en déboursés au sujet de la manufacture, et en prétendus dédommagements pour perte de son tems et sa part des profits qu'il auroit pu faire sur les effets distraits. Car, *nota bene*, par son contrat d'association il n'entroit dans aucune perte. Je luy remboursai ses déboursés, parcequ'il falloit s'en tenir aux livres. Mais pour les autres prétentions, je luy dis que quoyque j'eusse des raisons légitimes pour m'en dispenser, je nelai sserois pas d'y avoir égard, pourvu qu'au préalable il me procurât main garnie du billet en question ; qu'il luy seroit d'autant plus facile de persuader la jadis dame de Warens de le luy remettre,qu'il luy étoit absolument inutile, puisque ce n'étoit rien moins qu'en vertu de la donation de la ditte dame que j'avois obtenu la paisible possession de ses biens, et que c'étoit une condition *sine quâ non*. Il fut à Annecy et m'en rapporta le dit billet. Il voulut marchander avant que de me le remettre, mais ce fut inutilement. Je tins ferme sur ce préalable, et nous brûlâmes tant ce billet que la copie que j'en avois, signée de la main de la ditte dame.

Après quoy, je luy fis une gratification pour ses prétendues pertes, mais non pas si considérable qu'il auroit voulu l'exiger. Je ne te fais ce long détail au sujet de Saint-André que pour te faire voir combien il doit t'être suspect. Me voilà enfin arrivé au bout d'un long et ennuyeux détail, sur la fidélité duquel tu peux compter. La vérité y paroit toute nue. Il m'a coûté beaucoup par le soin que j'ay pris de mettre les choses dans leur véritable jour et de me rappeler jusqu'aux moindres circonstances. Plusieurs te paroitront sans doute inutiles. Mais il y en a, dont on ne laissera pas de pouvoir tirer quelqu'usage. Tu en feras celuy que tu jugeras à propos pour détromper les personnes d'honneur, sur qui les insinuations malicieuses de la requête pourroient avoir fait quelqu'impression. Pour ceux d'un autre charactère, je ne m'en embarrasse pas. L'on ne sauroit plaire à tout le monde, et je ne le prendrai pas à tâche.

Continuons de parcourir cette requête :

Elle se trouve, dit-elle, obligée de combattre la prétendue donation de nullité par le droit romain et les royales constitutions. N'est-ce pas une preuve qu'elle et son conseil, gens de pratique, la connoissoient telle dans le temps même qu'on la stipula, et qu'il n'étoit pas besoin de stratagèmes et de leurres pour les porter à passer cet acte ? *Elle a appris*, ajoute-t'elle, *que j'ay obtenu un divorce.* Ce n'est pas d'aujourd'hui qu'elle le sait. Il étoit obtenu plus de deux mois auparavant que Saint-André fut à Annecy, et qu'il m'en apporta le billet de question. Il n'aura pas manqué de le luy apprendre.

Mais ce qu'il y a de plus curieux, ce sont les raisons qu'elle allègue pour prouver qu'elle est en droit non seulement de répéter sa dot et les avantages matrimoniaux contenus dans le contrat de 1713, mais même d'agir pour cela sur les biens de mon père. Quelles sont ces raisons ?

Que j'ay joui de ses biens, en vertu de la constitution dotale, et perçu les fruits d'iceux sans supporter les charges du mariage, et sans luy fournir aucun secours, ni aliments, comme je le devois, et pour lesquels les biens même sont hypothéqués par disposition du droit, cottant le préjugé du sénat de *rei uxor* que je regarde le mariage comme dissous et que je l'ay fait déclarer tel : qu'ayant vendu ses biens je les ay dissipés et je me suis rendu en Angleterre : qu'elle a également droit sur les biens de mon père que sur les miens, puisqu'il a fait le mariage et assisté au contract : que ne pouvant avoir recours que sur ceux qui sont en Savoye, et qu'il pourroit avoir du péril dans le retard, elle demande la saisie des sommes dûes à mon père, tant par tels qu'elle nomme, que par ceux qu'elle pourra découvrir dans la suite ; finissant par dire que ces sommes ne feront jamais qu'une petite partie de ce qui est dû à la suppliante et faisant monter la constitution dotale à pour le moins trente mille patagons, sans parler de ses gains et autres avantages matrimoniaux.

C'est conclure par le même esprit qui règne dans toute la requête, et qui est tout l'opposé de celuy de la vérité. Réfutons-le le plus brièvement qu'il se pourra.

Quand il seroyt aussi vrai qu'il ne l'est pas, *que depuis son évasion je n'ai joui de ses biens qu'en vertu de la constitution dotale*, il n'y auroit en cela rien de contraire aux dispositions du droit, puisqu'en France, en Angleterre et dans la plupart des états de l'Europe, par la désertion malicieuse d'une femme, les biens qu'elle a apporté à son mari sont dévolus de plein droit à ce dernier. C'est un fait constant. Nous en avons un exemple de fraîche datte en Angleterre. Je crois qu'il en est de même en Savoye. Je ne l'assure cependant pas positivement.

Mais ici le cas est tout différent. Les biens de l'évadée me sont dévolus par l'arrêt du

26 décembre 1726, par lequel LL. EE., aprés avoir déclaré les dits biens confisqués à leur profit, étant touchés de ma triste situation et par leur bénignité ordinaire, me cédent leurs droits et me mettent en leur lieu et place.

De quel droit un tribunal étranger s'émanciperoit-il de revoir les arrêts de notre souverain ? Que nous font les loix et coutumes de Savoye ?

Ai-je grand tort d'avoir regardé comme dissous un mariage qu'elle a rendu tel par la désertion, et d'avoir profité du bénéfice de nos loix pour le faire déclarer nul ? Suis-je catholique romain pour croire un mariage indissoluble ? Depuis quand et dans quel pays, déserter malicieusement un mari et le dépouiller de tout ce dont on peut se nantir, donne-t'il à une femme le droit de répéter non seulement sa dot, mais même des avantages matrimoniaux qu'elle n'auroit eu droit de prétendre qu'en cas de survie et qu'elle ne s'en fût pas rendue indigne pendant le tems de leur union ?

Comment ose-t'elle se plaindre que j'ay

vendu et dissipé ses biens ? J'étois en plein droit de le faire, puisque j'en étois le maître. D'ailleurs, LL. EE. en ont, je crois, autorisé la vente. Tu sais mieux que moy ce qui en est, et à quoy le produit de cette vente a été appliqué, puisque tu as eu tout l'embarras de cette affaire. Il falloit bien acquitter les dettes qu'elle avoit contracté pour sa maudite manufacture, dont elle avoit emporté les fonds, et autres folles dépenses, dont j'avois été assés faible pour fermer les yeux. Eh bien, loin qu'il me reste quelque chose de ces biens entre les mains, tu sais mieux que personne combien il y est allé du mien propre, et le peu qui me reste.

La retraite en Angleterre qu'elle me reproche est une preuve que je ne me suis pas enrichi de ses dépouilles. Si c'est une tache de n'être pas riche, je tâcherai de l'effacer en me conduisant en homme d'honneur.

Quel droit d'hypothèque peuvent luy donner, sur les biens de mon père, son assistance et son autorisation au contract de 1713, pendant qu'elle n'y en a aucun par le contract même ? *Elle ne peut,* dit-elle, *avoir recours que sur les biens qui sont en Savoye,* et par cette raison elle demande la saisie des sommes dûes à mon père dans ce pays-là. Espère-t'elle que l'esprit de parti prévaudra assés sur les membres du sénat de Savoye pour leur faire trouver un droit et une hypothèque où il n'y en eut jamais ? Il est vray qu'il paroit que ce tribunal est allé un peu vite en besogne en accordant par provision la saisie sans avoir entendu les parties. Mais l'on doit espérer des lumières et de la justice des seigneurs qui le composent, qu'après les avoir entendues, étant convaincus de l'injustice de la demande de la complaignante, ils l'éconduiront des fins de sa requète et enlèveront la saisie provisionnelle qu'ils ont accordée.

Il faut qu'en Savoye le terme de patagon emporte une toute autre idée que celle qu'on en a dans le reste de l'Europe, ou que la complaignante, loin de perdre son tems dans ce pays-là, y ait bien appris la règle de la multiplication. *La constitution dotale,* dit-elle, *montoit à, pour le moins, trente mille patagons.*

Quoyqu'après l'arrêt de LL. EE., il ne

s'agisse pas de disputer sur le plus ou le moins, je ne laisserai pas de dire qu'il se justifie par l'inventaire juridique pris en septembre 1727 par M. le baillif de Vevey, en conséquence de l'ordre de LL. EE., que tous les biens et effets de la ditte dame, taxés par gens assermentés, ne montoient qu'autour de trente-huit mille francs, et cependant les biens dont sa belle-mère jouit et les débris de la manufacture se trouvent compris dans cette somme. Par où il paroit que je n'aye jamais eu d'elle en main au-delà de trente mille livres. Et personne ne sait mieux que toy que le provenu de la vente des dits biens a été fort au dessous de cette somme. Mais c'est une bagatelle, il faut luy pardonner, elle ne hausse sa constitution dotale que des deux tiers. Pourquoy accuseroit-elle plus juste dans cet article que dans tout le reste de sa requête ?

Il semble que dès qu'elle a tourné casaque, le mensonge est devenu son péché mignon. Si l'on m'a accusé juste, quelques mois après sa désertion, elle doit avoir fait écrire à mon père par le curé de Rumilly, qu'elle n'avoit eu aucune part à notre malheureux procès (1), et qu'elle avoit fait tout ce qu'elle avoit pu pour m'en détourner ; et c'est positivement tout le contraire comme je puis le protester devant Dieu et en toute vérité.

Pour ce qui est de son indifférence pour le culte en matière de religion, elle la doit en partie aux principes de nos piétistes. C'étoit le sentiment de feu son père, et il paroit que c'étoit celuy de feu M. Magny, un de leurs principaux docteurs, puisqu'il me dit lui-même, au retour d'un voyage qu'il fit à Annecy pour voir ma déserteuse, qu'il n'avoit jamais trouvé l'âme de la ditte si bien tournée du côté de Dieu et en meilleures dispositions. Ce furent ses propres termes, qui me scandalisèrent très fort.

La ditte dame se plaint de sa situation dans sa requête. Si elle entend par là qu'elle est trompée dans ses espérances, elle n'a qu'à s'en prendre à elle-même. Il y a quelque

(1) Au sujet de la seigneurie de Vuarrens que M. de Loys père avait promise à son fils dans le contrat de mariage ; il se fit tirer l'oreille pour la lui remettre.

tems qu'on me dit qu'elle étoit atteinte d'un cancer à Chambéry où elle demeuroit. Quand tu sauras ce qui en est, marque-le-moy, je te prie. Si cela est, voudroit-elle faire donation à sa nouvelle église de biens sur lesquels elle n'a aucun droit ?

Je suis persuadé que si j'avois été au pays, elle n'auroit jamais osé insérer dans sa requête les insinuations malicieuses dont elle est remplie. Mais, me sachant éloigné, elle a cru pouvoir le faire impunément.

Ma lettre est insensiblement parvenue à la grosseur d'un volume. Je t'en fais mille excuses, mon cher ami, et je te prie d'en passer le port sur mon compte, n'étant pas juste que je te sois à charge en toutes manières. J'ay cru qu'il étoit absolument nécessaire d'entrer dans un détail bien circonstancié. Cela m'a mené plus loin que je n'aurois cru, et a pris du tems, comme tu peux bien le juger, pour me rappeller des faits passés il y a six ans. »

Disons, pour terminer, que Mme de Warens finit par se désister de la plainte qu'elle avait portée devant le Sénat de Chambéry ; la famille de Loys obtint la levée du séquestre mis sur les créances qu'elle avait en Savoie. »

LA FAMILLE

ET

L'ENTOURAGE DE Mme DE WARENS

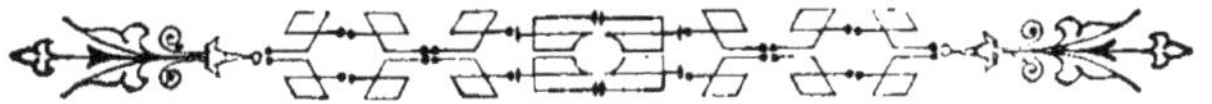

LA FAMILLE

ET

L'ENTOURAGE DE Mme DE WARENS

L'Association florimontane d'Annecy pour le progrès et l'encouragement des sciences et des arts, dans son *Bulletin* du 29 novembre 1855, publie la note suivante :

Documents sur Mme de Warens. — Le président, M. J. Replat, auteur de la *Note sur Mme de Warens*, lue dans la séance du 28 juillet et publiée dans le *Bulletin*, a reçu plusieurs documents sur le même sujet, et les dépose aux archives. Il y a, entre autres, une *Note sur la noble famille de la Tour et spécialement sur Mme de Warens*, par M. A. Baron, archiviste d'Etat à Vevey, huit pages d'une écriture serrée, contenant des renseignements très précis, recueillis avec le soin le plus minutieux. Ce travail renferme tout ce que l'on peut savoir sur la famille de Mme de Warens.

Remis à M. Arago, pendant son séjour à Annecy, ce document a été égaré par lui à Bruxelles ; jamais il n'a pu être retrouvé. C'est une perte irréparable.

Le 12 mars 1857, M. Baron envoya des notes supplémentaires à sa lettre du 26 octobre 1855. Voici le texte de ce document inédit :

« NOTES SUPPLÉMENTAIRES SUR MADAME DE WARENS, NÉE DE LA TOUR, CLAUDE ANET, ET RECUEILLIES PAR A. BARON, ARCHIVISTE A LAUSANNE.

« Par une note datée du 10 février 1857, M. le pasteur de la paroisse de *Montreux*, dépositaire légal des registres de l'Etat civil, m'a fait connaître, en réponse à la demande que je lui en avais adressée quelque temps auparavant, qu'après les recherches les plus soigneuses faites dans les anciens registres de ladite paroisse, soit depuis l'année 1720 à 1725, il n'a pu y découvrir l'acte de la célébration du mariage de M. *Sébastien-Isaac de Loys de Villardin*, seigneur *de Warens*, avec Dlle *Françoise-Louise de la Tour*, de Chailly et Vevey. — J'ai dit, dans ma note d'octobre 1855, qu'on n'avait trouvé aucune mention de cet acte dans les registres des paroisses de Vevey et de la Tour de Peylz. Il me paraît, cependant, très probable que cette cérémonie nuptiale doit avoir eu lieu dans quelqu'une des Eglises *de Vevey* ou *des environs*, et cela *l'une des six années* prédites.

Dans ma précédente note, j'avais dit que Mme de *Warens* s'étant esquivée pendant l'été de 1726, et rendue en Savoie, etc., LL. Exc. de l'Etat de Berne donnèrent à leur Baillif de Chillon (soit Vevey) d'inventorier et d'imposer la confiscation sur les propriétés et les autres biens de cette Dame. De son côté, M. *de Loys de Warens* (1) ayant sollicité son

(1) Il l'appelait *sa déserteuse* ; — lisez GAULLIEUR : *Etudes sur l'histoire littéraire de la Suisse française, etc.* Genève, 1856, page 85, note 1.

divorce d'avec sa femme fugitive, il l'obtint par sentence du Consistoire suprême de Berne du 24 février 1727, conçue en ces termes concis :

« Comparaît M. de Pluviane et demande, « au nom de M. *Sébastien-Isaac Loüis,* Seigneur « *de Warens*, qu'il lui soit accordé son di- « vorce d'avec *Françoise-Louise de la Tour,* sa « femme, qui a changé de religion en « Savoie. Connu d'accorder. » (Extraits concernant les affaires de Mme *de Warens*, tirés des Registres de Berne.)

On peut lire beaucoup de détails intéressants concernant Mme *de Warens*, née *de la Tour*, dans le premier volume de l'ouvrage intitulé : *Le Léman. Voyage à Genève et dans le canton de Vaud* (fait en 1833), par M. *Bailly de Lalonde*, deux gros volumes in-8°. — Paris, 1842. — Cet ouvrage me paraît avoir généralement le mérite d'une rare exactitude, ainsi que j'ai pu m'en assurer moi-même, surtout quant à ce que l'auteur dit des rives du Léman, et plus spécialement des villages et des sites des environs de Vevey, où je naquis en 1788, et que je connais depuis ma jeunesse ; à la vérité, tous ont subi, par l'influence du temps, des modifications assez considérables, comme aussi dans les mœurs ; cependant, la physionomie originelle de celles-ci n'a pas essentiellement disparu, les souvenirs des époques qui ont précédé celle-ci ne sont pas entièrement effacés, ces souvenirs subsistent encore en bonne partie pour ainsi dire intacts, ceux qui, du moins, se lient à l'existence de personnages marquants qui sont nés ou qui ont habité cette contrée, dans laquelle une foule d'étrangers de toute nation, attirés par la beauté du site, la douceur du climat et par d'autres avantages encore, sont venus y fixer leur séjour momentané ou même à demeure.

« M. *Bailly de Lalonde*, qui a visité spécialement *Montreux, Clarens* et *Chailly*, donne, sur ce dernier village et sur la maison où demeurait jadis notre Dame *de Warens*, des détails très exacts, ainsi que sur la famille *Anet*, qui s'est éteinte le 30 novembre 1833, par le décès de *Jean-Louis Anet*, arrière-petit-neveu du célèbre *Claude Anet*, qui fut le confident de Mme *de Warens*; ce *Jean-Louis Anet*, que M. *Bailly de Lalonde* trouva alité, et auquel il demanda divers renseignements sur son parent *Claude*, avait 88 ans et quelques mois.

J'ai pu vérifier cette circonstance, qui est bien telle, par l'inspection du registre des Décès de la paroisse de *Montreux*, en 1833.

Quant à *Claude Anet* de Chailly, voici *l'Extrait textuel des Registres des Naissances de la paroisse de Montreux*, t. III bis, f. 106 :

« *Claude*, fils de David *Anet* et de Mar-
« guerite du Crest, par. Egrège Claude
« Genevey, Claude Anet, Anne-Marie-Vin-
« cent et Marie du Crest, le 17 janvier
« 1706. »

« Certifié conforme au Registre.

« Montreux, le 10 février 1857.

Signé : D. DE BRAY, pr. »

« Cet extrait n'indique pas la naissance, mais seulement le baptême de *Claude Anet* au 17 janvier 1706, puisque les noms de ses parrains et marraines y sont exprimés ; ainsi, il est probable qu'il est né l'un des derniers jours de décembre 1705, ou l'un des premiers jours de janvier 1706. Les registres de l'Etat civil des paroisses de notre pays étaient très concis à cette époque-là et offrent même des lacunes.

« Une circonstance mérite d'être considérée ; c'est l'indication écrite au registre que l'acte ci-dessus a déjà été *relevé le 25 mars 1726* ; alors *Claude Anet*, âgé d'environ vingt ans, l'aurait demandé probablement pour quitter *Chailly*, son village natal, et s'en aller hors du pays. Or, ce fut *cette même année 1726* que, quelques mois après, Mme *de Warens* s'esquiva et se rendit par le lac en Savoie, où *Claude Anet* entra bientôt à son service, et cette coïncidence est très remarquable. *Anet* mourut jeune encore dans la demeure de Mme *de Warens*, et il était, dit *Jean-Jacques Rousseau*, un peu plus âgé que lui.

« Voici, en résumé, ce que j'ai pu découvrir concernant *Wintzenried* qui, garçon barbier et coiffeur, se parait du titre de *chevalier de*

Courtilles. La famille *Wintzenried*, originaire de la partie allemande du ci-devant Canton de Berne, vint s'établir au pays de Vaud et se fit aggréger à la bourgeoisie d'Aigle, ainsi qu'à celle de la commune de *Courtilles*, petit village sur la rive droite de la Broye, près de Lucens, alors en Bailliage de Moudon. Lorsqu'en 1733, l'Etat de Berne transféra la résidence du Baillif de Chillon dans la ville de Vevey, il établit *au château de Chillon* un *concierge* ou *gardien* du fort, à raison de l'arsenal, des prisons, etc., et ce *gardien*, ancien militaire retraité, avait le grade de *Lieutenant*. Or, un *Wintzenried* fut appelé à cet emploi, et il figure en effet dans les comptes du Bailliage de Vevey depuis 1735 à 1751, année où il décéda à *Chillon*, ayant ainsi exercé son emploi de *gardien* de ce fort pendant seize à dix-sept ans. C'est là l'unique motif par lequel son fils, jeune *dandy*, quoique garçon barbier, pour se donner du relief, courait le monde en se donnant les titres fictifs de *fils du Capitaine-commandant du Château de Chillon* et de *Chevalier de Courtilles*, du nom du petit village dont il était bourgeois. Le véritable

Capitaine de Chillon était le Baillif de Vevey, qui avait dès lors conservé ce titre militaire, et le *gardien* du fort en était le *Lieutenant*. J'ai pu, au moyen des documents authentiques dont je suis le *dépositaire officiel*, vérifier et m'assurer de tout ce qui précède, et dans les Registres de l'Etat civil de toutes les paroisses du Canton de Vaud, dont les *duplicata*, depuis l'année 1821 à celle-ci, existent aux Archives cantonales, j'ai vu qu'il y a encore, en effet, à Aigle, une famille du nom de *Wintzenried* qui, est-il dit, est bourgeoise aussi de la commune de *Courtilles*.

Lausanne, le 9 mars 1857.

A. BARON,
Archiviste d'Etat du Canton
de Vaud.

Dans la lettre d'envoi de ce document, datée de Lausanne, 12 mars 1857, M. Baron fait allusion à la confiscation, par l'Etat de Berne, des propriétés de Mme de Warens, au *Basset*, dans la baronnie du *Châtelard*, paroisse de *Montreux*, et y joint la notice suivante, en rectification de celle d'octobre 1855, perdue par M. Arago :

« Rectification topographique à la Commune « du *Châtelard*, paroisse de *Montreux ;* (le « *Châtelard* était, jusqu'en 1798, une Ba- « ronnie, appartenant à Mr. Em[l] Bondeli « de Berne) :

« 1°) Cette Baronnie ou Commune du « *Châtelard* était composée de huit *Métralies* « (sections) comprenant chacune un ou plu- « sieurs villages, hameaux & habitations « disséminées depuis les rives du Léman sur « les monts, d'occident en orient, savoir :

« 1° *Chailly,* Plan-Chailly, Baugy, les « Crêtes, les Bassets, l'Empereur & Burier.

« 2° *Brent* & Chaulin.

« 3° *Clarens,* Tavel & Planchamp.

« 4° *Charnex*, Warennes & Pertit.

« 5° *Vernex.*

« 6° *Sonzier*, ou *Songy.*

« 7° *Chêne* & Palens.

« 8° *Sales* & Crin.

N. B. — Ces *Métralies* doivent être indiquées dans cet ordre & non dans celui de ma notice d'octobre 1885.

Le lieu principal de chacune de ces *Métralies* est le premier & *sousligné;* en sorte que l'on dit : la Métralie de *Chailly,* de *Brent,* de *Clarens* & ainsi de suite.

« Ces *Métralies* étaient des sections de la « Commune générale du *Châtelard*, qui en « ressortissaient sous le rapport constitution-« nel & de la police; mais qui, chacune, avait « ses intérêts particuliers & quelques proprié-« tés indépendantes de celles de la Commune « générale; au moyen de quoi & de quel-« ques cottisations extraordres, chacune de « ces *Métralies* pourvoyait, dans sa circons-« cription, à des dépenses purement lo-« cales, telles qu'Ecoles, fontaines, fours publics, &c.

« 2°) La Commune des *Planches*, faisant « partie aussi de la paroisse de *Montreux*, est « composée de même de plusieurs villages « et hameaux, mais qui ne forment aucune « *Métralie* ou association privée, savoir :

« 1° Le village des *Planches*, où est l'Eglise « paroissiale de *Montreux*, &c.

« 2° Le hameau champêtre de *Glyon*, sur « les monts.

« 3° Celui de *la Colonge*, sur le penchant « des monts.

« 4° Celui de *Taritet*, sur le rivage du Lé-« man.

« 5° Celui de *Veraye*, sur la hauteur voi-
« sine.

« 3°) La Commune de *Veytaux*, aussi de « la paroisse de *Montreux*, ne renferme que « le village de ce nom. Dans cette Commune « est situé le Château de *Chillon*. A dix mi- « nutes au-delà est la limite des Communes « de *Veytaux* & de *Villeneuve*, & par suite, « celle des districts Vaudois de *Vevey* & « d'*Aigle*. Cependant, jadis et jusqu'en 1798., « la Commune de *Villeneuve* faisait partie du « Bailliage Bernois de *Vevey*.

« Ce qui précède sont des renseignements « tirés des documents & des plans officiels « qui existent aux Archives cantonales de « l'Etat de Vaud.

« Lausanne, le 1er Août 1856.

« A: BARON..
« archiviste d'Etat. »

N. B. — Le nom propre de *Montreux* se donne plus particulièrement aux trois villages et hameaux de *Sales, Chênes* et *les Planches*, qui sont contigus & semblent n'en faire qu'un seul.

M. Baron dit encore dans sa lettre:

« En lisant divers ouvrages descriptifs de

la Savoie et en jetant les yeux sur des cartes topographiques de ce pays, j'ai pu remarquer les noms de nombre de villages, hameaux et autres localités *très identiques* avec les noms de ceux de notre canton de Vaud, de celui de Fribourg et du Valais. »

Ajoutons que M. Baron n'a pu trouver l'acte de mariage de Mme de Warens dans les registres de 1720 à 1725, parce qu'il ignorait qu'elle s'était mariée à quatorze ans, en avril 1713.

Voici la Note d'E.-H. Gaullieur :

« L'idée de la *Nouvelle Héloïse* vint à Jean-Jacques dans une course de deux ou trois jours à Vevey, durant laquelle une douce émotion ne le quitta point. « L'aspect du lac « et de ses côtes eut toujours à mes yeux, « dit-il, un attrait particulier que je ne saurais « expliquer. Dans ce voyage de Vevey, je « pris pour cette ville un amour qui m'a « suivi dans tous mes voyages, et qui m'y « a fait établir enfin le héros de mon ro- « man. » On sait d'ailleurs que Mme de Warens était une demoiselle de La Tour de

Chailly, près de Clarens, et que Rousseau pensait à la jeunesse de cette femme quand il traçait le portrait de Julie.

« La Tour de Chailly était le véritable nom de la famille de Mme de Warens, et non la Tour de Pilz ou de Peils, qui est celui d'un bourg attenant à Vevey. Un des ancêtres de Mme de Warens, Gamaliel de la Tour, était médecin dans cette ville, au commencement du dix-septième siècle. Il avait aussi porté les armes, et il prenait dans ses écrits les titres de *docteur et favori de Mars.* »

Quant à Claude Anet, son extrait mortuaire se trouve dans les actes de décès de la paroisse de Saint-Léger, à Chambéry, aujourd'hui paroisse de Saint-François-de-Sales, registre de 1729 à 1743, côté 11 :

« Ce jour, 14 mars 1734, a été enterré à « St Léger le nommé *Claude Anet* natif du « païs de Vaux, Canton de Berne, paroîsse « de Montru (Montreux), qui avoit abjuré « en 1726 le calvinisme.

« Signé : Claude François QUINSON,
chanoine. »

Ce document met à néant les pseudo-*Mémoires de Claude Anet, écrits par lui-même, pour servir de suite à ceux de Mme de Warens*, retouchés, ou plutôt faits, par le frère du général Doppet, Claude-Antoine Doppet, docteur en droit, avocat au Sénat de Savoie, né à Chambéry le 25 janvier 1752, décédé le 13 février 1827 dans la même ville. Si Jacques Replat, avant de mourir, avait connu l'acte de décès de Claude Anet, son noble cœur eût effacé une page, bien injuste à l'égard de Rousseau, de sa *Note sur Madame de Warens*, lue le samedi 28 juillet 1855, à l'Association florimontane d'Annecy.

Les renseignements les plus complets sur Mme de Warens, son mari et sa famille, nous sont encore fournis par MM. Albert de Montet et Eugène Ritter, dans leur excellent travail intitulé : *Madame de Warens et son Mari, un document inédit,* déjà cité :

« Françoise-Louise de la Tour, d'une famille dont la noblesse remontait à un peu plus de cent ans, naquit à Vevey le 31 mai 1699; elle était fille de noble Jean-Baptiste de la Tour, justicier et conseiller à la Tour de

Peilz, et de Jeanne-Louise Warnery. Elle perdit sa mère en 1704, et son père cinq ans après. Celui-ci c'était remarié, et la belle-mère de Mlle de la Tour vécut jusqu'en 1745. Ses frères et sœurs des deux lits moururent en bas âge.

« Quand elle fut tout à fait orpheline, elle fut placée en pension chez un célèbre piétiste, M. Magny, à Vevey ; et ensuite, pendant dix-huit mois, à Rolle, chez une dame Crespin. Les sommes dues pour ces années de pension furent à la charge de son mari, comme cela ressort d'un compte produit en 1726 à LL. EE. de Berne. On voit, par les détails qui s'y trouvent, que Mlle de la Tour avait reçu une éducation distinguée ; l'étude de la musique et du chant n'avait pas été négligée. A quatorze ans, en avril 1713, elle se maria.

« Une enfance attristée par la mort des siens, un foyer bientôt désert, un mariage déraisonnablement précoce, voilà le résumé des premières années de l'existence de Mme de Warens.

« Le mari qu'elle épousait à quatorze ans

était Noble Sébastien-Isaac de Loys, âgé de vingt-quatre. Sa carrière militaire, commencée au service de Sardaigne, l'avait conduit ensuite en Suède; il était rentré de bonne heure au pays. Son père lui assura par contrat une somme de vingt mille livres, pour le paiement de laquelle il s'engageait à lui donner la seigneurie de Vuarrens.

« Comme le passé est difficile à connaître! Que savons-nous de ces jeunes époux? Quelques dates glanées dans les *manuaux* et les autres registres de Vevey et de Lausanne, quelques notes bien sèches qu'on en peut tirer, nous renseignent-elles sur les premiers temps de leur mariage, sur leurs sentiments, leurs illusions et leurs mécomptes, sur leur vie intime? — Le fait est que Mme de Warens n'eut pas d'enfants, et que l'influence bienfaisante de la famille manqua cette fois encore à la pauvre femme.

« Le jeune ménage habita longtemps Lausanne, où nous voyons M. de Warens obtenir quelques dignités municipales : il est élu capitaine de la Noble Abbaye des fusiliers; il entre en 1718 aux Soixante d'appellation, et trois ans plus tard, aux Soixante de police, dans la bannière de Saint-Laurent. En 1724, il vient s'établir à Vevey, et là aussi on le voit gravir rapidement les degrés de la hiérarchie locale : il passe en une année du conseil des Cent-vingt au conseil des Soixante, et de là au conseil des Douze. Vice-commandeur, assesseur baillival : tels furent ses titres.

« Et sa femme, que faisait-elle ? C'est alors sans doute que, comme on l'a dit (1) : « elle « faisait les délices de toutes les personnes « de son voisinage par son esprit de gaieté « et les fêtes qu'elle donnait. Sa maison était « dans les beaux jours de dimanche le ren- « dez-vous de tout ce qu'il y avait dans les « environs de plus aimable et de meilleure « société. Une musique champêtre, des « danses, des jeux, des promenades, des

(1) *Notices d'Utilité publique*, Lausanne, 1807. Une dame respectable, dit cet ouvrage (tome second, page 79), a souvent dit que " Mme de Warens faisait avant son mariage les délices...„ (suit tout le passage que nous avons donné ci-dessus). Mais " avant son mariage „ Mlle de la Tour était toute jeunette, et on l'avait placée en pension à Rolle.

« goûters où l'on offrait des fruits, de la « crême, des gâteaux, etc., y étaient fré- « quemment répétés. »

« Ce n'est pas tout. « Mme de Warens, dit « Rousseau qui l'a bien connue, avait un « fonds d'activité inépuisable qui voulait « sans cesse de l'occupation. Ce qu'il lui fal- « lait, c'étaient des entreprises à faire ou à « diriger. » Hélas ! elle avait le goût des affaires sans en avoir le talent. Tant à Vevey qu'à Chambéry, elle se démena et pataugea, et se trouva en fin de compte complètement ruinée.

« Elle avait établi à Vevey une manufacture de bas de soie, qu'elle voulut bientôt agrandir, en y ajoutant la fabrication de bas de laine ; elle avait amené son mari à contracter à cet effet des emprunts et à acquérir des immeubles ; elle s'était associée avec un jeune industriel, Elie Lafond, fils d'un pasteur français réfugié, bientôt remplacé dans la direction de cette manufacture par un nommé Saint-André.

. . . .

« Il nous reste à esquisser la fin de la carrière de M. de Warens. Le consistoire de Berne avait prononcé son divorce, fondé sur la désertion malicieuse de sa femme. Il passa plus d'une année à régler les difficultés financières au milieu desquelles celle-ci l'avait laissé embourbé, et alla ensuite faire un premier voyage en Angleterre, pour y chercher quelque emploi conforme à son rang ; mais il ne trouva rien et revint à Lausanne. Appelé plus tard aux fonctions de gouverneur d'un jeune prince d'Anhalt, il alla en Hollande passer une année auprès de lui ; puis il se rendit à Londres en quête d'un nouvel emploi. C'est dans ce second séjour qu'il écrivit la lettre que nous avons publiée.

« Cependant la situation financière de M. de Warens s'était trouvée, à la fin de tous les règlements de compte, meilleure qu'on n'avait cru d'abord ; et son beau-frère pouvait lui écrire : « Je me flatte que « tu n'insisteras pas davantage à chercher « fortune en Angleterre, puisque tu en as « une toute faite dans ton pays, ayant assez

« de quoi vivre, si tes voyages ne diminuent « pas tes fonds. »

« M. de Loys (1) se décida donc à revenir à Lausanne; il y reprit le chemin des dignités locales : il devint conseiller de la Ville, maisonneur, haut forestier. On voit que l'estime de ses concitoyens l'avait toujours entouré. Il était libre de se remarier ; mais l'âge était venu, et le passé n'était pas encourageant. Les archives de sa famille ont conservé de mauvais vers qu'il adressait en septembre 1736 à Mme la juge Seigneux :

Non, je ne serai plus constant dans mes amours,
Et je fais vœu de badiner toujours.
Plutôt que de languir dans un cruel empire,
Vaut-il pas mieux de jour en jour changer ?
En liberté à présent je respire,
Et je mourrai plutôt que de me rengager.

(1) Le mari divorcé de celle qui continua à s'appeler *la baronne de Warens* ne portait plus que son nom de famille, et avait quitté le titre de Seigneur de Vuarrens, qu'il ne posséda en définitive que pendant cinq ans, depuis le jour (2 août 1723) où son père lui remit la seigneurie de Vuarrens, jusqu'au jour (23 mars 1728) où lui-même vendit cette terre au major Bergier, obligé qu'il était de liquider son bien : conséquence finale des entreprises de sa femme, et de la manière dont elles avaient été conduites.

« A la mort de son père, il devint seigneur de Chanéaz ; il mourut lui-même à soixante-six ans, le 31 octobre 1754. Quelques mois auparavant, Jean-Jacques Rousseau, qui était venu passer l'été dans nos contrées, avait eu une dernière fois l'occasion de revoir celle qui dans sa jeunesse avait abandonné son mari, et qui était à son tour abandonnée de tout le monde. Jean-Jacques raconte, le cœur serré, le triste état où l'âge et la misère avaient réduit cette pauvre femme, qu'il avait connue jeune et brillante. La carrière de Mme de Warens n'est pas de celles qui encouragent au mal par l'exemple de l'impunité. »

LA VISITATION

LA VISITATION

Rousseau nous apprend que Mme de Warens fut tentée de se fixer à la Visitation pour le reste de ses jours.

En 1610, saint François de Sales installait les premières religieuses de cet Ordre dans une chapelle, en partie creusée dans le roc, et dans un petit appartement, auquel on parvenait en passant dans la *galerie* élevée au-dessus d'une des portes d'Annecy, et ouvrant sur le quartier des Marquisats, le long d'une rue qui a porté plus tard le nom de *Providence*. Il existait, sous ce nom, un hôpital fondé, en 1682, par Mgr d'Arenthon d'Alex.

Dès 1612, les religieuses de la Visitation, se trouvant à l'étroit, se transportèrent à l'angle d'un canal, qui se détache de la rivière du Thiou, et y firent construire le grand premier Monastère. De nos jours, après bien des vicissitudes, la maison de la galerie a été acquise par l'Institut de Saint-Joseph, qui en a réparé la chapelle primitive.

Lorsque l'Ordre se trouva trop à l'étroit dans le premier Monastère, il en construisit un second, en l'honneur de l'Immaculée-Conception, en 1634. C'est aujourd'hui la chapelle et une partie du couvent de Saint-Joseph, qui dirige deux pensionnats de demoiselles.

Le *Bulletin de l'Association florimontane d'Annecy et Revue savoisienne,* volume I, 1855, page 92, contient le travail suivant :

NOTE

SUR LE

SECOND MONASTÈRE DE LA VISITATION D'ANNECY

PAR M. JULES PHILIPPE

Parmi les acquisitions faites par l'*Association florimontane*, en 1854, se trouve un cahier de 40 centimètres de hauteur sur 14 de largeur, recouvert en parchemin assez délabré.

En tête de la première page, on lit :

VIUE ✝ JESUS

LIURE DE NOUISSIAT OU LON ESCRIT
LES RÉCEPTION DES FILLES

Vient immédiatement après :

« Je Georgine Marcher fillie de Pierre Marcher et de Fransoise Dunieure aagée denuiron 19 ans de mon plain gré et du consenteman de mes parens a prais a uoyr demeure en la maison de seans enuiron siis semaine ueu et considere ses reigles et exercices dicelle ay uolontairement demandé destre receue en labhi et au rang des sœur nouices du chœur de seste congrégation ce que iay obtenu par la grace de Dieu ayant auec labit change de nom et receu celui de ianne-fransoise ce iourdhuy 16 de iulliet de l'année 1634.

« Sœur Ianne-Fransoise MARCHER. »

Cette formule se répète de deux à quatre fois par page, pendant 61 pages, avec des changements de noms, d'âge, de date, de signature et surtout d'écriture et d'orthographe, lesquelles sont des plus variées et des plus pittoresques.

Ce manuscrit se termine à la page 62 par :

« Sœur Marie-Marguerite-Victoire de Romanesche, née à Vienne en Dauphiné, professe du monastère de la Visitation Sainte-Marie de Crémieu agrégée et incorporée à ce second monastère de la Visitation Sainte-Marie d'Annecy le 6 novembre 1791, dans lequel monastére elle a renouvellé deux fois les vœux et a apporté pour dot 4,000 fr. et son trousseau »

Ce passage prouve que le manuscrit qui nous occupe est le livre de noviciat du second monastère de la Visitation Sainte-Marie d'Annecy. Chaque novice, reçue, était obligée d'inscrire de sa main et de signer ses vœux sur ce livre, qui contient ainsi une collection complète d'autographes des religieuses de ce monastère depuis 1634 jusqu'à 1791 : c'est-à-dire pendant 158 ans.

Dans cet espace de temps, il a été reçu 191 religieuses classées sous quatre désignations différentes : novices *du chœur*, novices *choristes*, novices *associées* et novices *domestiques*. Ces désignations ne constituaient probablement que deux catégories : celle des religieuses qui servaient et celle des religieuses qui ne servaient pas. Cette dernière est de beaucoup la plus nombreuse.

Maintenant, si pour faire une étude de statistique, on divise les 158 ans en deux périodes égales de 79 ans, on verra que pendant la première, de 1634 à 1712, il y a eu 117 réceptions ; tandis que de 1713 à 1791, il n'y en a eu que 74, soit près de la moitié moins. On peut reconnaître là, ce me semble, l'influence de l'esprit du XVIIIe siècle.

Parmi les 191 religieuses, 145 appartiennent au tiers-état ou bourgeoisie, et 46, un peu moins du quart, à la noblesse.

Sur le nombre total, 15 ont quitté le monastère. Jusqu'en 1748, on a écrit à côté du vœu de chacune d'elles :

« Nostre sœur.......... qui avait est resue à l'abit a esté renvoyé par le chapitre, n'estant pas appelle de Dieu à cette magnière de vie. »

Depuis 1771, on a modifié cette formule en la rendant plus polie. C'est la sœur qui *a demandé sa sortie Dieu ne l'ayant pas appelée à notre St estat.* Les nobles, qui ne constituent pas le quart des novices, sont sorties dans les proportions d'un tiers

La prise d'habit avait lieu ordinairement après trois mois de séjour dans le monastère. Depuis 1750, l'épreuve n'a jamais été plus courte ; mais, précédemment, elle n'était très souvent que de deux mois. Vingt-trois religieuses ont même pris l'habit avant deux mois, et, parmi elles, quatre n'ont essayé leur vocation que pendant cinq semaines!

Quant à l'âge auquel a eu lieu la prise d'habit, les 191 religieuses se répartissent ainsi :

Après 40 ans..............	4
Entre 30 et 39 ans.........	10
Entre 20 et 29 ans.........	82
Entre 16 et 19 ans.........	62
Au-dessous de 16 ans......	33
	191

Soit 96 ayant plus de 20 ans, et 95, c'est-à-dire la moitié, n'ayant pas encore atteint cet âge. La moitié de ces religieuses ont donc fait leurs vœux avant l'âge de maturité, de complète raison. Et, sur ce nombre, 33 n'avaient pas seize ans ; chez deux d'entre elles, les quinze ans n'étaient même pas révolus (environ quinze ans, dit le livre du noviciat).

Parmi ces jeunes filles, sacrifiées peut-être par leurs parents et qui presque toutes étaient déjà dans le monastère depuis plusieurs années, l'une depuis neuf ans, l'autre depuis plus de huit, il y en a seize seulement d'origine bourgeoise, et dix-sept, plus de la moitié, d'origine noble. Ce sont des de Sales, de Combe, de Sacconay, de Montfocon, de Monthoux, de Praz, de Barrille, de la Pesse, de Châtel, de Sury, de Paraza, de Cruseilles, de Grilly, de Bonnière, de Songy, de Constantin et de la Place.

Ce manuscrit confirme ce que l'on sait de l'éducation que l'on recevait en Savoie, comme en France, pendant les deux derniers siècles. Il contient 191 spécimens d'écriture, depuis la fille de service jusqu'à la fille du seigneur, et c'est tout au plus si on en remarque une ou deux qui appartiennent à une main quelque peu habituée à écrire.

La publication de ce travail fit du bruit. Le *Bulletin*, en effet, rendant compte de la séance du 23 mars 1855, émet la mention suivante :

« CESSION DE MANUSCRITS AU COUVENT DE LA VISITATION D'ANNECY. — Le président donne lecture de plusieurs lettres de la supérieure du couvent de la Visitation d'Annecy. Les religieuses, ayant appris que l'*Association florimontane*, par suite d'acquisitions, possède plusieurs manuscrits provenant du couvent de la Visitation qui existait à Annecy, avant la Révolution de 89, demandent si on voudrait échanger, ou tout au moins donner copie, de deux d'entre eux : *le livre du noviciat* et les matériaux rassemblés pour achever l'*Année sainte de la Visitation*, ouvrage qui devait être en trois volumes et dont il n'a paru qu'un seul. Dans le cas où l'échange serait accordé, elles offrent des lettres latines, autographes, mais non signées, de saint François de Sales à son ami le président Favre. Pour ce qui concerne la copie des pièces, tous les membres présents ont été d'avis d'accorder l'autorisation. Mais les sentiments ont été grandement partagés lorsqu'il s'est agi de se desaisir des manuscrits. Deux propositions se sont produites.

« La première a été soutenue par MM. Eloi Serand, archiviste, et G. Mortillet. Ces messieurs, considérant les archives de l'Association comme un dépôt sacré duquel on ne doit distraire aucune pièce, sous quelque prétexte que ce soit, s'opposent donc formellement à tout don ou échange.

« La seconde a été présentée par MM. J. Replat et le docteur Lachenal. Pensant que les pièces demandées ont plus d'intérêt pour le couvent que pour l'Association, ils sont d'avis de les céder sans aucune condition.

« Après une discussion assez longue, la cession des manuscrits, sans aucune condition, ayant été soumise au vote, a été admise à une voix de majorité.

« Comme un travail historique et statistique, fait par M. Jules Philippe, sur *le livre du noviciat*, a été publié dans le dernier *Bulletin*, M. Mortillet, en l'absence de l'auteur, a demandé que l'Association reconnaisse que ce travail est parfaitement exact, avant qu'on se desaisisse des preuves à l'appui. Cette motion a été approuvée sans aucune opposition. »

Le premier et le second Monastère de la Visitation devaient, à peu de chose près, avoir une composition identique d'éléments.

C'est dans ce milieu que Mme de Warens fut tentée de se fixer, après sa conversion, pour le reste de ses jours. Elle ne donna pas suite à ce projet.

L'HABITATION

DE

Mme DE WARENS

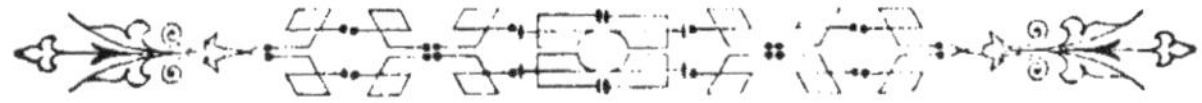

L'HABITATION

DE

Mme DE WARENS

Au sortir de la Visitation, Mme de Warens alla demeurer dans une maison qui avait servi d'habitation à Mgr de Rossillon de Bernex.

Les notes suivantes, extraites soit des *Confessions*, soit de la *Vie de M. de Rossillion de Bernex*, reconstituent le caractère de cette demeure, dans ses détails :

« La maison qu'habita Françoise-Louise-Éléonore de La Tour, épouse du Seigr Baron de Warens, était la maison de Boëge ; elle était vieille et composée d'une antichambre, appartement, cuisine, cour, jardin et ruisseau...

« Un passage était derrière cette maison...

« Ce passage conduisait par une fausse porte à l'église des Cordeliers (soit la cathédrale)...

« Ce passage était entre un ruisseau à main droite, et ce ruisseau [le Thiou] séparait la maison du jardin et du mur de la cour ..

« La pièce de rez-chaussée ou chambre de Rousseau était sur ce passage...

« Le bâtiment des Cordeliers était attenant à la maison de Mme de Warens...

« Le four des Cordeliers était dans le bâtiment des Cordeliers et ce four donnait dans la cour de Mme de Warens...

« Ce four était contigu à cette maison et contenait un bâtiment assez grand...

« Mme de Warens n'était qu'à vingt pas de la *Maîtrise* de la Cathédrale...

« Le jardin était vis-à-vis d'une ancienne fenêtre de Rousseau et au-delà du ruisseau d'où l'on découvrait la campagne...

« Rousseau avait de la verdure devant

ses fenêtres, un charmant paysage, des fleurs, des vergers...

« Cette maison était assez grande pour avoir une belle pièce de réserve...

« Mme de Warens fit de cette pièce de réserve sa chambre de parade où logea J.-J. Rousseau... »

Cette maison figure sur le plan cadastral de 1730, au nom de noble de Boëge de Conflens, sous le n° 2380, et était située dans une impasse vulgairement connue sous le nom de *Cul-de-sac*.

En parcourant les registres municipaux d'Annecy, on trouve que ce quartier a changé bien souvent de nom ; il s'appelle :

Rue du Four en 1462, à cause du four public qui y était établi ;

Rue Juiverie en 1551 ;

Rue Exchaquet en 1551, du nom d'une famille riche qui l'habitait ;

Rue Saint-François en 1674, à cause du couvent des Franciscains, soit Cordeliers ;

Rue Saint-Pierre en 1780, depuis le départ

des Cordeliers et la construction du nouvel évêché ;

Rue Rousseau, en suite d'une délibération municipale du 13 février 1794 ;

Rue de l'Evêché en 1816, soit depuis la Restauration.

Antérieurement au séjour de Mme de Warens, son habitation avait servi d'atelier monétaire ; voici ce qu'on lit, à ce sujet, dans le *Pourpris Historique*, de C.-Auguste de Sales, page 189 :

« L'an 1551, Damoiselle Louise Echaquet, veuve de noble Jean de Conflens : c'est par elle que la maison de *La Monnoye* (1) en la rue Juifverie, proche de l'église de Saint-François, a été faite des appartenances de la maison de Conflens, autrement ditte de Boëge. »

M. Théophile Dufour, directeur des Archives de Genève, a publié dans la *Revue savoisienne*, journal de la Société florimon-

(1) Ainsi nommée parce qu'elle était, de 1356 à 1391, l'habitation de Pierre-Ambroise d'Arbicis, le maître de la monnaie sous les comtes de Genève.

tane, 19e année, N° 7, 31 juillet 1878, un article intitulé : « Jean-Jacques Rousseau et Mme de Warens ; notes sur leur séjour à Annecy, d'après des pièces inédites. » Parlant de la « vieille maison assez grande » qu'habitait Mme de Warens, il dit : « Elle eut pour voisins les Cordeliers, les frères fourniers qui desservaient le four des Révérends Pères, le chanoine de la Valbonne, les frères Domenjod, le seigneur de Prangin, le seigneur de Miribel, prévôt de la cathédrale, etc. (1). — La « pièce de réserve » ou « chambre de parade, » qu'habita Jean-Jacques, donnait sur un passage « conduisant par une fausse porte à l'église des Cordeliers » (la cathédrale actuelle), et dans ce passage, situé derrière la maison, se trouvait l'heureuse place qu'il eût voulu entourer d'un *balustre d'or*, en souvenir de sa première entrevue avec Mme de Warens. « Au-delà du ruisseau (2), » qui séparait la maison du jardin (3), « on découvrait

(1) Visites de quartiers 1728, 1729, 1730. (Archives départementales.)

(2) Le Thiou.

(3) N° 275 du plan cadastral de 1730 : " Jardin de Ne Jacques de Boëge de Conflens. "

la campagne. » En effet, la rue Royale n'existant pas encore, la vue pouvait s'étendre sur la plaine des Fins et sur les coteaux voisins de Gevrier et de Meithet (1).

« La rue actuelle de l'Evèché (2), ainsi désignée depuis 1822, portait, en 1462, le nom de la rue du Four, à cause du four public qui y était établi. En 1551, elle s'appelait rue Juiverie ou rue Exchaquet; en 1674, le voisinage du couvent des Cordeliers lui avait fait donner le nom de rue Saint-Francois. Après le départ des Cordeliers et depuis la construction du nouvel évèché, elle devint la rue Saint-Pierre (1780). Le 25 pluviôse an II (13 février 1794), un arrêté municipal la dénomma rue Rousseau. Dès le 19 décembre 1792, on lit dans les registres des délibérations municipales (3) :

(1) La maison occupée par Mme de Warens a été démolie, en partie, en 1784, lors de la construction de l'évêché actuel. (Jules Philippe, *Annecy et ses environs*, 3e édit., p. 108.)

(2) C'était autrefois une impasse, et c'est pour cela que de nos jours encore on l'appelle le *Cul-de-Sac*. (Voy. P.-F. Poncot, *La cathédrale d'Annecy et ses tombeaux*, 1876, p. et 49.)

(3) Vol. 58, fol^os 18 et 19. (Arch. municipales.)

« *Séance du soir.*

« ...... Deux Commissaires de la Société des amis de la Liberté et de l'Egalité ayant été annoncés à la Barre, après avoir obtenu la parole, ont fait la pétition que la Municipalité autorise ladite Société de faire élever un arbre de la Liberté aux mânes et devant la maison qu'a habitée l'immortel Jean-Jacques Rousseau, rue de Saint-François, et que cette rue soit inscrite et s'appelle dès à présent *Rue Rousseau*.

« Cette pétition a été appuyée et mise aux voix : ouï le procureur de la commune, a été arrêté, à l'unanimité, que la Municipalité ne s'oppose point à ce que les pétitionnaires, soit la Société, fassent élever l'arbre de la Liberté dans l'endroit par eux proposé, et que la rue Saint-François, à commencer dès les maisons Despine et Magny jusqu'au fond du Cul-de-Sac, sera inscrite et dénommée dès ce jour *Rue Rousseau*. »

Peu de jours après, les 1er et 3 janvier 1793, le club des Jacobins d'Annecy s'occupa de cet arbre de la Liberté (1) :

(1) Reg. des délibérations, ms. de 44 pages, appartenant la Société florimontane.

« *Séance du 1er de 1793, an II de la R. F.*

« Président : Doppet, par intérim.

« Secrétaires : Favre et Marchand.

« Un membre a demandé l'exécution d'un précédent arrêté au sujet de la plantation d'un arbre de la Liberté devant l'emplacement qu'occupait la maison qu'avait habitée J.-J. Rousseau, et que des Commissaires fussent nommés pour le faire de suite couper, de peur qu'en temporisant, les neiges abon dantes ne vinssent à en empêcher. — Renvoyé au Comité d'administration. »

« *Séance du 3 janvier 1793.*

« Un membre demande à la Société, au nom du Comité d'administration, que le transport de l'arbre de la Liberté, que la Société a arrêté de faire planter en l'honneur de l'immortel J.-Jacques, devenant extraordinairement cher à cause de la grande quantité de neige et des glaces, puisqu'on demande 60 livres, que la Société statue à cet effet. Un autre membre fait la motion que cette entreprise se donne à l'enchère.

« BURNOD offre de faire venir un arbre pour 36 livres. Accepté. Le président Doppet observe à la Société que J.-Jacques ayant toujours aimé la solitude et la simple nature, le plus beau monument qu'on pourrait élever aux mânes de ce grand homme serait un arbre avec toutes ses branches et ses racines, qui s'étendrait dans les airs, et dont le feuillage ombragerait les amants de la Liberté, qui viendraient comme les anciens philosophes étudier et instruire les jeunes citoyens au pied et à l'ombre de cet arbre sacré.

« Un frère d'armes fait la motion que l'arbre qui convient le mieux est le peuplier d'Italie, comme étant celui qui s'élève dans les airs et surtout parce que les cendres de J.-Jacques reposent dans l'île des Palmiers [*lis.* Peupliers] qui fait une partie des Jardins d'Ermenonville.

« Il propose que le peuplier remplace, quand la saison le permettra, l'arbre que la Société va bientôt faire planter.

« Le Comité d'administration est chargé de veiller à la plantation de l'arbre de la Liberté dans la rue Rousseau. »

Le 16 mai 1840, M. Chaumontel, syndic d'Annecy, proposa au Conseil de Ville de démolir et de reculer le portail de l'ancienne maison Thyrion, jadis habitée par Mme de Warens. Ce portail faisait, dans la rue, une saillie de plus de deux mètres en avant de l'alignement du palais épiscopal. La démolition et l'acquisition du terrain coûtèrent à la ville 3,000 fr. M. Sauthier-Thyrion fit transporter à Veyrier, à l'entrée de sa villa, tous les ornements de sculpture qui figuraient sur le portail et qui avaient été les témoins du séjour de Mme de Warens et de Jean-Jacques Rousseau à Annecy.

AU LENDEMAIN
DE LA CONVERSION DE Mme DE WARENS

—

Le Miracle de 1729

AU LENDEMAIN
DE LA CONVERSION DE Mme DE WARENS

—

Le Miracle de 1729

Cependant, Mgr de Rossillon de Bernex n'agissait pas à la légère ; tout en présidant à l'abjuration de Mme de Warens, il se renseignait amplement, ainsi que le témoigne la lettre suivante, extraite de la correspondance de Lagros, aumônier du Résident de France à Genève :

« J'ay reçu ce mattin celle dont V. G. avoit chargé Mr Pochet curé de Chablaix, le 9 du courant.

« Je feray mon possible pour découvrir ce que V. G. a envie de savoir, et l'informeray sans délais de tout ce que je pourray apprendre.

« Je bénis le Seigneur de la grace inestimable qu'il nous fait, de soutenir et conserver V. G. dans les pénibles, et continuels travaux auxquels Elle se livre, pour le bien de son diocèse ; et de la consolation, dont il vient de les adoucir, par la conversion édifiante à laquelle, V. G. a conduit cette pieuse Dame Suisse.

« J'ay l'honneur d'être avec tout le respect, et la soumission possibles

« Monseigneur de V. G.

« *Le très humble, très obéissant et très obligé serviteur*

« P.-A. LAGROS

« A Genève ce 13 septembre 1726. »

Cette lettre, qui fait allusion à la conversion de Mme de Warens, est écrite cinq jours après son abjuration.

La même année, Victor-Amédée écrivait à l'évêque la lettre suivante, conservée aux Archives municipales d'Annecy, laquelle fait allusion à la conversion de la baronne :

« Le Roy de Sardaigne, de Chypre
et de Jérusalem etc.

« Tres Reverend, tres cher, et devot Orateur, Nous avons d'autant plus agréé les vœux, que vous avés faits pour Nous à l'occasion des saintes Fêtes de Noël, que la confiance, que nous avons en vos prières est toute particulière.

« Nous avons appris avec plaisir, que les conversions de ceux, qui ont embrassé notre sainte Religion pendant notre dernier séjour à Evian, ayent produit le bon éffêt que vous nous avés marqué, et en vous assurant de la continuation de notre protection,

« Nous prions Dieu qu'il vous ait en sa sainte garde.

« A Turin ce 30 décembre 1726

« V. AMEDEO,

MELLAREDE »

à l'Evêque d'Annessy

au replis

Au Très Reverend nôtre très cher et devôt Orateur

L'Evêque de Genève — Annessy

Mgr Rossillon de Bernex avait, du reste, pour confesseur ordinaire, Chabot, le directeur et chapelain des religieuses du premier Monastère de la Visitation.

Depuis le jour de l'abjuration, l'évêque n'appela plus Mme de Warens que sa fille, et elle l'appelait son père. Il a, en effet, toujours conservé pour elle les bontés d'un père, et en a même laissé, dans son testament, des marques de bon souvenir. Le testament de Mgr de Bernex, conservé aux archives municipales d'Annecy, porte : « Plus je donne et légue, a Dame Françoise Louise Eléonore de la Tour, épouse du Seigr baron de Warens dont la conversion à la foy catholique, a été édifiante ; la pension annuelle, sa vie durant de *cent cinquante livres* payables par mes dits héritiers de famille sur les revenus de Challonges. » Ce testament est mentionné, à peu près de la même manière, dans la *Vie de M. de Rossillion de Bernex,* seconde partie, livre VIII, page 193.

L'évêque fit plus ; en 1729, il opéra un miracle en faveur de sa convertie. Nous lisons, en effet, dans la biographie que nous venons de citer, seconde partie, livre VIII, pages 163 et 164 :

« L'événement singulier, qui arriva au mois de septembre de la même année, étoit bien propre à soutenir la réputation de sainteté que M. de Bernex s'étoit acquise. De crainte d'altérer les circonstances du fait, je le rapporterai dans les termes du Mémoire qui m'a été communiqué par un témoin oculaire.

« Madame de Warens demeurant à Annecy, dans la maison de M. Bosge, le feu prit au four des Cordeliers, qui répondoit à la cour de cette maison, avec une telle violence, que ce four, qui contenoit un bâtiment assez grand, rempli de fascines et de bois sec, fut bientôt embrasé. La flamme, portée par un vent impétueux, s'attacha au toit de la maison, et pénétra par les fenêtres dans les appartemens. Madame de Warens donna d'abord ses ordres, pour tâcher d'arrêter les progrès de l'incendie, et pour faire transporter ses meubles dans son jardin. Elle étoit occupée de ces soins, quand elle apprit, que M. l'Evêque étoit accouru au bruit du malheur, dont elle étoit menacée, et qu'il alloit paroître dans l'instant. Elle alla aussitôt au-devant de lui. Ils entrèrent ensemble dans le jardin. Il se mit à genoux avec elle, et avec tous ceux qui se trouvèrent présens, du nombre desquels j'étois ; et commença à prononcer des prières avec cette ferveur, qui lui étoit ordinaire. L'effet en fut sensible. Le vent qui portoit le feu par dessus la maison jusques dans le jardin, changea tout à coup ; et éloigna si bien les flammes de la maison, que le four, quoique contigu, fut entièrement consumé, sans que la maison eut d'autre mal, que le dommage qu'elle avoit reçu auparavant. C'est un fait connu de tout Annecy, et que moi Ecrivain du présent Mémoire ai vû de mes propres yeux. *Signé Rousseau* (1). »

« Je ne préviendrai point le lecteur sur le jugement que l'on doit porter de cet événement ; j'en prendrai seulement occasion de faire remarquer avec quel empressement M.

(1) C'est M. Rousseau, de Genève, connu par divers ouvrages de Littérature, et qui a remporté en 1750 le prix proposé par l'Académie de Dijon. (Note de Claude Boudet.)

de Bernex voloit au secours du prochain, et combien il s'intéressoit à ses malheurs. »

Jean-Jacques parle de ce miracle à la première partie, livre III, de ses *Confessions* ; il était, en 1729, au séminaire d'Annecy :

« C'est à peu près à ce temps-ci que se rapporte un événement peu important en lui-même, mais qui a eu pour moi des suites, et qui a fait du bruit dans le monde quand je l'avois oublié. Toutes les semaines j'avois une fois la permission de sortir ; je n'ai pas besoin de dire quel usage j'en faisois. Un dimanche que j'étois chez maman, le feu prit à un bâtiment des cordeliers attenant à la maison qu'elle occupoit. Ce bâtiment, où étoit leur four, étoit plein jusqu'au comble de fascines sèches. Tout fut embrasé en très-peu de temps : la maison étoit en grand péril et couverte par les flammes que le vent y portoit On se mit en devoir de déménager en hâte et de porter les meubles dans le jardin, qui étoit vis-à-vis mes anciennes fenêtres et au delà du ruisseau dont j'ai parlé. J'étois si troublé, que je jetois indifféremment par la fenêtre tout ce qui me tomboit sous la main, jusqu'à un gros mortier de pierre qu'en tout autre temps j'aurois eu peine à soulever. J'étois prêt à y jeter de même une grande glace si quelqu'un ne m'eût retenu, Le bon évêque, qui étoit venu voir maman ce jour-là, ne resta pas non plus oisif: il l'emmena dans le jardin, où il se mit en prière avec elle et tous ceux qui étoient là ; en sorte qu'arrivant quelque temps après, je vis tout le monde à genoux, et m'y mis comme les autres. Durant la prière du saint homme le vent changea, mais si brusquement et si à propos, que les flammes qui couvroient la maison et entroient déjà par les fenêtres furent portées de l'autre côté de la cour, et la maison n'eut aucun mal. Deux ans après, M. de Bernex étant mort, les antonins, ses anciens confrères, commencèrent à recueillir les pièces qui pouvaient servir à sa béatification. A la prière du P. Boudet, je joignis à ces pièces une attestation du fait que je viens de rapporter, en quoi je fis bien : mais en quoi je fis mal, ce fut de donner ce fait pour un miracle. J'avois vu l'évêque en prière, et durant sa prière j'avois vu le vent changer et même très à propos ; voilà ce que je pouvois dire et certifier : mais qu'une de ces deux choses fût la cause de l'autre, voilà ce que je ne devois pas attester, parce que je ne pouvois le savoir. Cependant, autant que je puis me rappeler mes idées, alors sincèrement catholique, j'étois de bonne foi. L'amour du merveilleux, si naturel au cœur humain, ma vénération pour ce vertueux prélat, l'orgueil secret d'avoir peut-être contribué moi-même au miracle, aidèrent à me séduire ; et ce qu'il y a de sûr est que, si ce miracle eût été l'effet des plus ardentes prières, j'aurois bien pu m'en attribuer ma part.

« Plus de trente ans après, lorsque j'eus publié les *Lettres de la Montagne,* M. Fréron déterra ce certificat, je ne sais comment, et en fit usage dans ses feuilles. Il faut avouer que la découverte étoit heureuse, et l'à-propos me parut à moi-même très-plaisant. »

Voici le texte de l'attestation remise par Rousseau au P. Boudet ; les préliminaires de ce document constituent une redite, mais, en histoire, il importe de donner, toujours, les pièces *in extenso* :

MÉMOIRE

REMIS LE 19 AVRIL 1742 A M. BOUDET ANTONIN, QUI TRAVAILLE A L'HISTOIRE DE FEU M. DE BERNEX, ÉVÊQUE DE GENÈVE.

« Dans l'intention où l'on est de n'omettre dans l'histoire de M. de Bernex aucun des faits considérables qui peuvent servir à mettre ses vertus chrétiennes dans tout leur jour, on ne sauroit oublier la conversion de Mme la baronne de Warens de La Tour, qui fut l'ouvrage de ce prélat.

« Au mois de juillet de l'année 1726, le roi de Sardaigne étant à Evian, plusieurs personnes de distinction du pays de Vaud s'y rendirent pour voir la cour. Mme de Warens fut du nombre ; et cette dame, qu'un pur motif de curiosité avoit amenée, fut retenue par des motifs d'un genre supérieur, et qui n'en furent pas moins efficaces pour avoir été moins prévus. Ayant assisté par hasard à un des discours que ce prélat prononçoit avec ce zèle et cette onction qui portoient dans les cœurs le feu de sa charité, Mme de Warens en fut émue au point qu'on peut regarder cet instant comme l'époque de sa conversion. La chose cependant doit paroître d'autant plus difficile, que cette dame, étant très-éclairée, se tenoit en garde contre les séductions de l'éloquence, et n'étoit pas disposée à céder sans être pleinement convaincue. Mais quand on a l'esprit juste et le cœur droit, que peut-il manquer pour goûter la vérité, que le secours de la grâce ? et M. de Bernex n'étoit-il pas accoutumé à la porter dans les cœurs les plus endurcis ? Mme de Warens vit le prélat ; ses préjugés furent détruits ; ses doutes furent dissipés ; et, pénétrée des grandes vérités qui lui étoient annoncées, elle se détermina à rendre à la Foi, par un sacrifice éclatant, le prix des lumières dont elle venoit de l'éclairer.

« Le bruit du dessein de Mme de Warens ne tarda pas à se répandre dans le pays de Vaud. Ce fut un deuil et des alarmes universelles. Cette dame y étoit adorée, et l'amour qu'on avoit pour elle se changea en fureur contre ce qu'on appeloit sesséducteurs et ses ravisseurs. Les habitans de Vevey ne parloient pas moins que de mettre le feu à Evian, et de l'enlever à main armée au milieu même de la cour. Ce projet insensé, fruit ordinaire d'un zèle fanatique, parvint aux oreilles de Sa Majesté ; et ce fut à cette occasion qu'elle fit à M. de Bernex cette espèce de reproche si glorieux, qu'il faisoit des conversions bien bruyantes. Le roi fit partir sur-le-champ Mme de Warens pour Annecy, escortée de quarante de ses gardes. Ce fut là où, quelques temps après, Sa Majesté l'assura de sa protection dans les termes les plus flatteurs, et lui assigna une pension qui doit passer pour une preuve éclatante de la piété et de la générosité de ce prince, mais qui n'ôte point à Mme de Warens la mérite d'avoir abandonné de grands biens et un rang brillant dans sa patrie pour suivre la voix du Seigneur et se livrer sans réserve à sa providence. Il eut même la bonté de lui offrir d'augmenter cette pension, de sorte qu'elle pût figurer avec tout l'éclat qu'elle souhaiteroit, et de lui procurer la situation la plus gracieuse, si elle vouloit se rendre à Turin auprès de la reine. Mais Mme de Warens n'abusa point des bontés du monarque : elle alloit acquérir les plus grands biens en participant à ceux que l'Eglise répand sur les fidèles ; et l'éclat des autres n'avoit désormais plus rien qui pût la toucher. C'est ainsi qu'elle s'en explique à M. de Bernex ; et c'est sur ces maximes de détachement et de modération qu'on l'a vue se conduire constament depuis lors.

« Enfin le jour arriva où M. de Bernex alloit assurer à l'Eglise la conquête qu'il lui avoit acquise. Il reçut publiquement l'abjuration de Mme de Warens, et lui administra le sacrement de confirmation le 8 septembre 1726, jour de la Nativité de Notre-Dame, dans l'église de la Visitation, devant la relique de saint François de Sales, Cette dame eut l'honneur d'avoir pour marraine, dans cette cérémonie, Mme la princesse de Hesse, sœur de la princesse du Piémont, depuis reine de Sardaigne. Ce fut un spectacle touchant de voir une jeune dame d'une naissance illustre, favorisée des grâces de la nature et enrichie des biens de la fortune, et qui, peu de temps auparavant, faisoit les délices de sa patrie, s'arracher du sein de l'abondance et des plaisirs, pour venir déposer au pied de la croix du Christ l'éclat et les voluptés du monde, et y renoncer pour jamais.

« M. de Bernex fit à ce sujet un discours très-touchant et très-pathétique : l'ardeur de son zèle lui prêta ce jour-là de nouvelles forces ; toute cette nombreuse assemblée fondit en larmes ; et les dames, baignées de pleurs, vinrent embrasser Mme de Warens, la féliciter, et rendre grâces à Dieu avec elle de la victoire qu'il lui faisoit remporter. Au reste, on a cherché inutilement, parmi tous les papiers de feu M. de Bernex, le discours qu'il prononça en cette occasion, et qui, au témoignage de tous ceux qui l'entendirent, est un chef-d'œuvre d'éloquence ; et il y a lieu de croire que, quoique beau qu'il soit, il a été composé sur-le-champ et sans préparation.

« Depuis ce jour-là M. de Bernex n'appela plus Mme de Warens que sa fille, et elle l'appeloit son père. Il a en effet toujours conservé pour elle les bontés d'un père ; et il ne faut pas s'étonner qu'il regardât avec une sorte de complaisance l'ouvrage de ses soins apostoliques, puisque eette dame s'est toujours efforcée de suivre, d'aussi près qu'il lui a été possible, les saints exemples de ce prélat, soit dans son détachement des choses mondaines, soit dans son extrême charité envers les pauvres ; deux vertus qui définissent parfaitement le caractère de Mme de Warens.

« Le fait suivant peut entrer aussi parmi les preuves qui constatent les actions miraculeuses de M. de Bernex.

« Au mois de septembre 1729, Mme de Warens demeurant dans la maison de M. de Boige, le feu prit au four des Cordeliers, qui donnoit dans la cour de cette maison, avec une telle violence, que ce four, qui contenoit un bâtiment assez grand, entièrement plein de fascines et de bois sec, fut bientôt embrasé. Le feu, porté par un vent impétueux, s'attacha au toit de la maison, et pénétra même par les fenêtres dans les appartemens. Mme de Warens donna aussitôt ses ordres pour arrêter les progrès du feu, et pour faire transporter ses meubles dans son jardin. Elle étoit occupée à ces soins, quand elle apprit que M. l'évêque étoit accouru au bruit du danger qui la menaçoit, et qu'il alloit paroître à l'instant ; elle fut au-devant de lui. Ils entrèrent ensemble dans le jardin ; il se mit à genoux, ainsi que tous ceux qui étoient présens, du nombre desquels j'étois, et commença à prononcer des oraisons avec cette ferveur qui étoit inséparable de ses prières. L'effet en fut sensible : le vent, qui portoit les flammes par-dessus la maison jusque près du jardin, changea tout à coup et les éloigna si bien, que le four, quoique contigu, fut entièrement consumé, sans que la maison eût d'autre mal que le dommage qu'elle avoit reçu auparavant. C'est un fait connu de tout Annecy, et que moi, écrivain du présent mémoire, ai vu de mes propres yeux.

« M. de Bernex a continué constamment

à prendre le même intérêt dans tout ce qui regardoit Mme de Warens. Il fit faire le portrait de cette dame, disant qu'il souhaitoit qu'il restât dans sa famille, comme un monument honorable d'un de ses plus heureux travaux. Enfin, quoiqu'elle fût éloignée de lui, il lui a donné, peu de temps avant que de mourir, des marques de son souvenir, et en a même laissé dans son testament. Après la mort de ce prélat, Mme de Warens s'est entièrement consacrée à la solitude et à la retraite, disant qu'après avoir perdu son père rien ne l'attachoit plus au monde. »

(*Œuvres complètes de J.-J. Rousseau*, édition Lahure.)

Le miracle de 1729 eut lieu dans les derniers jours de septembre. L'épilogue de l'incendie du four des Cordeliers se trouve au *Registre des Délibérations municipales d'Annecy*, t. 52e, folio 147 :

SÉANCE DU 9 JANVIER 1730.

« Assistants les SSrs De Soyrier et Flocart Scindics.

Autres assistants, le Seig[r] De Vaugelas Colonel de Ville, le Sr Picollet, ex-Scindic, les SS[rs] De Compay, Ribiollet, Nouvellet, Delachinal, Comte, Masson, Perravex et Beaudé Conseillers.

« Le Seig[r] Intendant Corvésy y a assisté.

« Le Sr Nouvellet représentant l'avocat de Ville a remontré que dans le dernier incendie, arrivé aux Fours des R[ds] Pères Cordeliers, l'on auroit observé, que si, par malheur, le feu se fut jetté de l'autre costé de la rue, tout le quartier seroit péri faute de secours, par le manquement du *Pont d'Amour*, qui étoit le seul endroit par où l'on auroit pu donner du secour, croyant par ainsy qu'il seroit très à propos de le rétablir.

« Le Conseil a délibéré que l'on prendra l'état de ce qu'il y auroit à faire pour ce rétablissement pour ensuite voir les moyens que l'on pourroit prendre pour cela. »

MADAME DE WARENS

EN SURVEILLANCE

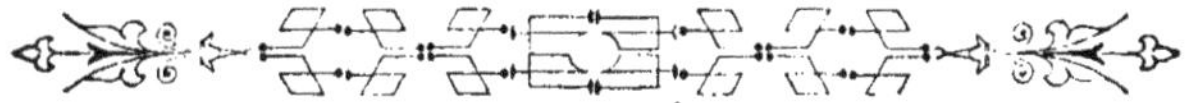

MADAME DE WARENS

EN SURVEILLANCE

Cependant le roi de Sardaigne faisait étroitement surveiller sa protégée. Eugène Burnier a publié, dans son *Histoire du Sénat de Savoie,* parue en 1864, des lettres inédites, bien curieuses, sur Madame de Warens ; en voici le texte :

I

Au Premier Président Saint-Georges.

MONSIEUR,

« Ce matin, par le carrosse, est partie d'ici, pour se rendre à Lyon, Mme la baronne de Warens de la Tour, pensionnée par S. M., pour ensuite se rendre par Seyssel à Annecy, sa demeure. Peut-être pourrait-elle aller en droiture à Chambéry pour passer à Turin. Je prends la liberté de donner avis à V. E. qu'il est du service du roi qu'elle ne sorte pas des Etats, surtout pour se rendre en Suisse, pour quelque raison importante. Ainsi, je prie V. E. d'écrire à Seyssel qu'au cas qu'elle s'y présente on ait attention de l'observer et de faire en sorte qu'elle se rende à Annecy, sans cependant lui donner aucun soupçon, et en cas qu'elle passe à Chambéry, pour se rendre à Turin, pour lors il n'y a rien qui ne soit conforme au service du roi, et on n'a qu'à lui laisser poursuivre sa route sans autre. C'est ce qui me donne motif d'écrire à V. E., s'agissant du service de S. M., en l'assurant du très parfait attachement avec lequel j'ai l'honneur d'être, Monsieur,

de Votre Excellence,

le très humble et très obéissant serviteur,

Le chevalier MAFFEI. »

A Paris, le 24 juillet 1730.

II

Au même.

Monsieur,

. . . .

« J'ai vu par la lettre de V. E. les ordres qu'elle a envoyés au sujet de Mme de Warens. Je crois qu'elle ira à Chambéry. En ce cas, il serait du service du roi de surveiller le commerce qu'elle pourrait avoir avec les gens de sa nation.

J'ai l'honneur d'être, Monsieur,
de Votre Excellence,
le très humble et très soumis serviteur,
Le chevalier MAFFEI. »

A Paris, le 17 août 1730.

III

Au même.

Monsieur,

« Je viens de recevoir à neuf heures du soir la lettre dont m'a honoré V. E., au sujet de Mme de Warens. Je la prie très humblement d'être persuadée que je ressens comme je dois la confiance dont elle m'honore, et que, si ladite dame passe ici, je lui en rendrai bon compte, sans m'écarter en aucune manière de ce qu'elle me prescrit, trop heureux, si je m'acquitte fidèlement de cette commission, d'en pouvoir mériter d'autres qui me procurent l'honneur de lui prouver le profond respect et la zélée soumission avec laquelle je suis, etc. »

MITONET.

Seyssel, ce 30 juillet 1730.

IV

Au même.

MONSIEUR,

« J'ai l'honneur de dire à V. E. qu'en exécution de ses ordres j'ai couché ce soir à Seyssel et que j'y ai demeuré presque tout le jour. Le coche y est arrivé une heure après midi. La dame en question ne s'y est point trouvée; il n'y avait que quelques fillettes dans le fond, et je ne crois pas même, Monsieur, qu'il soit vraisemblable que Mme de Warens prenne cette voiture pour remonter le Rhône. Il faut huit jours pour faire le chemin qu'on fait en deux en descendant. J'ai eu l'attention de m'informer si quelqu'un pourrait passer à Seyssel en chaise roulante; on m'a assuré que cette voiture n'avait plus lieu, dès que MM. de la religion protestante avaient passé pour faire leurs cènes à Genève. J'ai su d'ailleurs adroitement que Mme de Warens aurait passé à Seyssel, allant à Paris, qu'elle n'était entrée dans le coche que masquée, que deux étrangers s'étaient trouvés à point nommé à Seyssel la veille de son embarquement, et que l'un d'eux s'appelait d'Aubonne. Il m'est revenu encore que sa conduite est problématique ; qu'il peut se faire qu'elle soit de bonne foi catholique, qu'il peut se faire aussi qu'elle regarde en arrière, comme la femme de Loth. Ce n'est pas à moi d'en juger, mais seulement d'assurer V. E. que je n'ai rien négligé pour m'acquitter de la commission dont elle a daigné m'honorer, et que je ne négligerai jamais rien pour lui prouver le profond respect et la soumission avec lesquels j'ai l'honneur d'être, etc.

MITONET.

De Seyssel, ce 31 juillet 1730.

(ARCHIVES DU SÉNAT ; correspondance du premier président Saint-Georges.)

Burnier dit encore, dans son *Histoire*, au chapitre XIV du livre VII :

« Vers la fin de son règne, Victor-Amé-
« dée II sembla redoubler d'énergie contre
« les protestants de Genève et de Lausanne,
« dont le prosélytisme inquiet ne cessait de
« menacer les cantons savoisiens rapprochés
« de la frontière. Nous apprenons d'une des
« dernières lettres qu'il adressa au Sénat (1)
« qu'un grand nombre d'ecclésiastiques et
« de moines allaient apostasier à Genève.
« La Compagnie étant exhortée à faire
« arrêter ces prêtres et à surveiller de près
« les protestants établis en Savoie. Le roi

(1) Lettre du 28 août 1730.

« cherchait, de son côté, à opposer au cou-
« rant hérétique un courant contraire. Il
« accueillait avec empressement dans ses
« Etats tous les dissidents étrangers qui vou-
« laient rentrer dans le giron de l'Eglise, et
« leur fournissait des moyens d'existence,
« malgré la détresse du trésor. La plus con-
« nue de ses protégées fut Madame de La
« Tour, baronne de Warens, qu'il plaça
« sous la direction de Mgr Rossillon de
« Bernex, et gratifia d'une pension annuelle
« de 2,000 livres.

« Un épisode complètement inconnu de
« la vie d'Eléonore de Warens va nous
« apprendre jusqu'à quels soins minutieux
« descendait la surveillance du gouvernement
« à l'égard des nouveaux convertis, et
« combien peu l'on comptait sur la sincérité
« de leur retour au catholicisme. Le fait se
« passe en 1730.

« Madame de Warens habitait Annecy
« depuis quatre ans, lorsqu'elle connut Jean-
« Jacques Rousseau (1). Quoiqu'elle parût

(1) *Confessions*, Ire partie, livre II. Rousseau vint à Annecy le 21 mars 1728 ; il était âgé de 15 ans 8 mois.

« fort attachée à sa nouvelle croyance, on « épiait ses discours, ses actions et ses écrits, « ce qui était d'autant plus facile, qu'elle « accueillait avec bonté les protestants con- « vertis, parmi lesquels un certain nombre, « d'une moralité douteuse, avaient vendu « leur foi pour de l'argent. Au mois de juil- « let 1730, la baronne se rendit à Paris « pour des affaires importantes. Le jour « même où elle quittait cette ville, le che- « valier Maffei, ambassadeur de Sardaigne « en France, donna avis de ce départ au « premier président du Sénat de Savoie (1). « Il lui recommandait de veiller à ce qu'elle « ne sortît pas des Etats, « surtout pour se « rendre en Suisse, *pour quelque raison im-* « *portante,* » et de faire en sorte qu'elle prît « la route d'Annecy « sans cependant lui « donner aucun soupçon, » le service du roi « l'exigeant ainsi. Le premier président « écrivit aussitôt à un sieur Mitonet, qui « remplissait à Seyssel un emploi de subal- « terne, pour lui signaler Madame de Wa-

(1) Voir les lettres citées.

« rens. Tout ce que nous apprennent les « lettres de Mitonet (1), c'est qu'il était fort « zélé et encore plus obséquieux. Enchanté « de la commission dont on l'a honoré, ce « personnage met à l'accomplir une activité « digne d'éloges « afin d'en pouvoir mériter « d'autres, » ce sont ses expressions. Ma- « dame de Warens ne passe point à Seyssel. « Faute de mieux, le Mitonet se livre aux « conjectures. « Il m'est revenu, dit-il, que « sa conduite est fort problématique ; qu'il « peut se faire qu'elle soit de bonne foi ca- « tholique ; qu'il peut se faire aussi « qu'elle regarde en arrière, comme la femme « de Loth. »

« Sans se douter, peut-être, des rapports « dont elle était l'objet, Madame de Wa- « rens partit pour Turin, où elle demeura « quelque temps. Jean-Jacques Rousseau « nous apprend qu'elle conserva toujours « des amis à la Cour et que, malgré de « secrètes jalousies, elle ne perdit jamais sa « pension (2). »

(1) Voir les documents cités.

(2) *Confessions*, 1re partie, livre III.

Le voyage de Madame de Warens à Paris se fit en compagnie d'Anet, son fidèle domestique, et d'un parent, M. d'Aubonne. Jean-Jacques, dans ses *Confessions*, première partie, livre III, dit qu'il n'a jamais bien su le secret de ce voyage : « Elle me l'auroit dit, j'en suis très-sûr, si je l'en avois pressée ; mais jamais homme ne fut moins curieux que moi du secret de ses amis : mon cœur, uniquement occupé du présent, en remplit toute sa capacité, tout son espace, et, hors les plaisirs passés qui font désormais mes uniques jouissances, il n'y reste pas un coin de vide pour ce qui n'est plus. Tout ce que j'ai cru entrevoir dans le peu qu'elle m'en a dit est que, dans la révolution causée à Turin par l'abdication du roi de Sardaigne, elle craignit d'être oubliée, et voulut, à la faveur des intrigues de M. d'Aubbone, chercher le même avantage à la cour de France, où elle m'a souvent dit qu'elle l'eût préféré, parce que la multitude des grandes affaires fait qu'on n'y est pas si desagréablement surveillé. Si cela est, il est bien étonnant qu'à son retour on ne lui ai pas fait plus mauvais visage, et qu'elle ait toujours joui de sa pension sans aucune interruption. Bien des gens ont cru qu'elle avoit été chargée de quelque commission secrète, soit de la part de l'évêque, qui avoit alors des affaires à la cour de France, où il fut lui-même obligé d'aller, soit de la part de quelqu'un plus puissant encore, qui sut lui ménager un heureux retour. Ce qu'il y a de sûr, si cela est, est que l'ambassadrice n'étoit pas mal choisie, et que, jeune et belle encore, elle avoit tous les talens nécessaires pour se bien tirer d'une négociation. »

Les Archives de la Société florimontane d'Annecy possèdent, au sujet du voyage de Madame de Warens à Turin, une lettre de Coppier, abbé de Vesolano, à Mgr de Bernex. Cette lettre est complètement inédite ; datée du 31 juillet 1730, elle prête à de curieux rapprochements avec celles du chevalier Maffei et de Mitonet. Voici le document :

« Monseigneur,

« J'ai bien reçu en son temps la lettre dont V. G. m'a honoré, en datte du 17 de ce mois, mais m'étant trouvé à Rivoles à la suitte de Leurs A. R[les],et le Roi à Turin pour y prendre les bains, je n'ai pû qu'aujourd'hui informer Sa M[té] que les Genevois pressent leurs sollicitations en Cour de France pour étendre leur souveraineté dans le pays de Gex, au préjudice de la religion, et contre la foi du 4e article du Traitté de Lion.

« Sa M[té] , qui n'avait pas oublié l'avis, que j'eù l'honneur de lui en donner de la part de V. G., il y a environ un mois, ou six semaines, et qui en écrivit aussitôt à son Ambassadeur en France, m'a ordonné de vous écrire, Monseigneur, de vous tranquiliser là dessus, attendu que Monsieur le Cardinal de Fleuri lui a répondu qu'à la vérité les Genevois étoient revenus à la charge auprès de lui et même auprès du Garde des Sceaux, mais qu'on leur avoit répondu d'une manière, quoique vague, assez positive pour ne leur laisser rien espérer sur cet article, et cette Eminence s'explique, dans sa réponce, d'une manière fort obligeance, disant que quand les prétentions des Genevois ne seroient pas préjudiciables à la religion, il lui suffiroit pour les rejetter, qu'elles fussent désagréables à Sa Mté et contre un traitté public. Voilà, Monseigneur, de quoi calmer votre esprit, et dissiper entièrement toutes vos allarmes à cet égard, quelque bruit contraire que les Genevois puissent faire courir, soit à Paris soit à Genève.

« Le Roi vient de m'envoyer chez M. le Marquis Del Bourg, pour que je visse moi-même l'article de la lettre qui concerne cette affaire, et je l'ai vû tel que Sa Mté m'avoit fait l'honneur de me le raconter. Elle souhaitte cependant que V. G. n'en fasse point de bruit à cause des Genevois, qui quoique renvoyés aux calendes greques par le Ministre de France, pourroient prendre d'autres voïes et d'autres mesures, s'ils étoient bien persuadés que M. le Cardinal de Fleury ne leur est pas favorable.

« On croit ici, Monseigneur, que ceux qui avoient écrit à V. G. pour engager les Docteurs de Sorbonne de son diocèse a accepter la constitution *Unigenitus*, lui ont écrit *proprio motu* et sans avoir eû la commission, ni de la cour de France, ni de la faculté de Sorbonne, et qu'après la sage réponse que V. G. leur aura faite là dessus, ils cesseront de l'inquiéter à l'avenir.

« Je viens encore de rendre mes meilleurs offices à la pauvre Madame De Voirans [de Warens] cette bonne Dame a prit la liberté d'écrire au Roi et de lui demander la permission de venir se mettre à ses pieds à Turin, ce qui lui a été accordé, mais il faudra qu'elle s'en retourne à Annessi, et qu'elle prenne soin d'y mener une vie tousiours plus exemplaire et tousiours plus retirée, afin de se rendre digne de la continuation de la pension dont Sa Mté la favorisé.

« J'ai reçu une lettre de la supérieure de vos Bernardines de la Roche, qui m'a touché jusqu'aux larmes. Après m'avoir exposé l'extrême misère, où son monastère se trouve réduit, elle me prie de lui obtenir du Roy la permission d'envoyer ses religieuses à la quête, ne lui restant plus que cette dure et triste ressource pour les empecher de mourir de faim. Comme, il n'y a pas longtems, qu'ensuitte des représentations que je pris la liberté de faire à Sa M.té de l'extrême pauvreté de ce monastère, elle eut la bonté de leur faire donner Trois mille livres sur l'abbaye d'Entremont et que je leur obtins encore une aumône de dix pistoles de Mme la princesse de Piémont, je n'ose guère revenir à la charge pour des aumônes; mais je tacherai si V. G. le juge à propos, de leur obtenir la permission qu'elles demandent d'envoyer quelques vieilles sœurs domestiques à la quête; voilà cependant une démarche éclatante qui va perdre ce pauvre monastère de réputation et en éloigner toutes les prétendantes pour toujours.

« J'aurois dû donner à V. G. la 1re nouvelle de l'élection du Pape, mais j'étois alors à Rivoles dans une espèce de solitude, d'où je crois de n'avoir écrit à personne.

« On dit que nous aurons en la personne du nouveau Pontife, qui a prit le nom de Clément XII, un bon pape qui gouvernera bien l'Eglise, et qui sera ami de notre Cour, de même que son Secrétaire d'Etat, qui est le cardinal Bauchieri. La riche Abbaye de

Stafarde est donnée au Cardinal Alexandre Albani, qui sera notre Cardinal patron.

« J'ai l'honneur d'être avec la soumission et la vénération la plus parfaite,

« Monseigneur

« De V. G.

« Le très humble et très obéissant serviteur

« COPPIER, Abbé de Vesolano.

« Turin, le 31 juillet 1730.

« Monseigneur l'Evêque et Prince de Genève. »

L'auteur de cette lettre, confesseur de la Reine et abbé de Vesolano, était frère de Jean-Claude Coppier, natif de la Chapelle-d'Abondance en Chablais, docteur en Sorbonne, réformateur des collèges royaux du Genevois et Faucigny, doyen de la collégiae de N.-D. d'Annecy de 1728 à 1755.

LA SINCÉRITÉ
DE LA
CONVERSION DE Mme DE WARENS

LA SINCÉRITÉ

DE LA

CONVERSION DE Mme DE WARENS

La conversion de Madame de Warens fut sincère. L'histoire en a la preuve dans la lettre que M. de Conzié adressa, après la mort de la baronne, au comte de Mellarède(1). Cette lettre a été publiée par M. C. Guillermin, avocat, dans les *Mémoires et documents publiés par la Société savoisienne d'histoire et d'archéologie*, tome 1er, Chambéry, 1856 ; sa teneur est très curieuse :

« Vous voudriez, monsieur le comte, que je vous instruisis de quelques anecdotes tou-

(1) La famille de Mellarède est éteinte aujourd'hui.

chant la feue baronne de Warens. Je puis effectivement vous en apprendre quelques unes, l'ayant vue d'abord à son arrivée à Evian en 1726, si je ne me trompe, et ensuite durant longues années à Chambéry. Voici son premier début en Savoie ou j'étais pour lors à la suite du feu roi Victor qui buvait les eaux d'Amphion à Evian.

« Ce prince allait à la messe de l'église paroissiale accompagné simplement de quelques seigneurs de sa cour, du nombre desquels était feu monsieur de Bernex évèque d'Annecy. A peine le roi était-il entré dans l'église, que madame de Warens arrêta le prélat par sa soutane, se jeta à ses genoux, en lui disant les larmes aux yeux, *In manus tuas domine commendo spiritum meum.* Cet évèque s'arrêta en la relevant, et il parla cinq à six minutes avec cette jeune pénitente qui de là se rendit directement au logis de ce prélat, lequel, la messe finie, alla la joindre, et après une conversation assez longue avec elle revint à la cour, sans doute pour en rendre compte au roi. Cette fugue, comme vous le pensez bien, monsieur le comte, fit un éclat subit dans cette petite ville ; et dès ce moment, les uns disaient que c'était une scène d'une Magdeleine veritablement repentante, d'autres et surtout les Suisses qui étaient venus à Evian partie pour boire les eaux et partie pour y voir le roi, soutenaient que ce repentir n'était que simulé, et que le vrai motif de la fuite de cette baronne, était le derangement qu'elle avait mis dans les affaires d'intérèt de son mari par une prodigalité inconsidérée. Exemple qui n'est pas le premier à citer de jeunes et aimables femmes, qui moyennant leur esprit et figure, savent captiver leurs maris au point de les maîtriser.

« D'autres Suisses arrivèrent en bateau après diner. A peine eurent-ils débarqués que le bruit se repandit dans toute la ville que ces nouveaux venus parents, disait-on, de madame de Warens, venaient pour l'enlever Ce bruit tout mal fondé qu'il était, prit, à ce que je pense, quelque crédit à la cour, puisque le lendemain matin, on fit partir avant jour cette dame dans la litière du roi, escortée de quatre de ses gardes du corps, qui la conduisirent en droiture accompagnée d'une bourgeoise à Annecy dans le couvent du premier monastère de la Visitation pour l'y faire instruire de notre religion. Cette baronne me parut alors agée de vingt-quatre à vingt-six années. Depuis cette époque je la perdis de vue par mon retour en Piémont, où je restais jusqu'en 1733, que je revins à Chambéry pour m'y fixer. Ce fut l'hyver de cette même année que j'eus l'occasion de lier société avec elle, car au sortir de la Visitation elle avait pris une petite maison à Annecy après son abjuration ; d'ailleurs elle y était pour ainsi dire forcée, ne jouissant pour lors que de quinze cents livres de pension que notre roi lui faisait donner, comme nouvelle convertie. Mais monseigneur de Mazim (1) evêque pour lors de Maurienne, l'ayant connue, la gratifia d'une somme annuelle de cinq cents livres et monseigneur de Bernex lui en donna autant, alors cette ba-

(1) François-Hyacinthe de Valpergue, comte de Mazin, abbé de Saint-Pierre de Châlon, évêque de Maurienne, mort en 1737.

ronne trouvant sans doute la ville d'Annecy trop petite pour l'étendue de ses projets et de ses vues, vint s'etablir à Chambéry, non pour se soustraire à la vigilance de ses pieuses institutrices ; car sa conduite jusques là avait été exempte de tous soupçons et à l'abri même de la calomnie qui communément poursuit les nouvelles venues, dés qu'elles ont de l'esprit et de la figure.

« A propos de figure je veux vous donner ici une esquisse de la sienne. Sa taille était moyenne, mais point avantageuse, eu égard qu'elle avait beaucoup et beaucoup d'embonpoint, ce qui lui avait arrondi un peu les épaules et rendusa gorge d'albâtre aussi trop volumineuse; mais elle faisait aisément oublier ces défauts par une physionomie de franchise et de gaieté interessante. Son ris était charmant, son teint de lis et de rose, joint à la vivacité de ses yeux annonçaient celle de son esprit et donnaient une énergie peu commune à tout ce qu'elle disait. Sans le plus petit air de prétention, tant s'en faut, car tout en elle respirait la sincérité, l'humanité, la bienfaisance, sans donner le plus petit soupçon de vouloir séduire par son esprit non plus que par sa figure, car elle négligeait par trop cette dernière, sans néanmoins l'affecter comme quelques prétendues savantes de son sexe.

« Je ne veux pas vous laisser ignorer, monsieur le comte, une anecdote de cette baronne crainte de l'oublier, quoiqu'il en soit la voici : M'entretenant un jour avec elle tête à tête de son changement de religion et d'état, elle me dit, croiriez-vous, mon ami, qu'après mon abjuration je ne me suis jamais mis au lit, durant deux ans environ, sans y prendre comme on dit la peau de poule sur tout mon corps par la perplexité dans laquelle mes réflexions me plongeaient, sur ce changement de religion qui m'avait fait secouer les préjugés de mon éducation, de ma religion et abjurer celle de mes pères. Cette longue incertitude était terrible pour moi qui ai toujours cru à un avenir éternellement heureux ou malheureux. Cette indécision m'a bien longtemps *bourraudée ;* ce fut là son expression, mais rassurée à présent, continua-t'-elle, mon ame et mon cœur sont tranquilles et mes espérances ranimées. Je ne vous rends, monsieur le comte, que fort imparfaitement et en précis les expressions vives et animées dont elle se servit à cette occasion ; elles firent en moi une sensation qui ne s'en est point encore effacée, quoiqu'à la veille de remplir mon seizième lustre.

« Les grâces de son parler, son esprit déjà enrichi de différentes lectures, la rendaient extrêmement séduisante et agréable dans la conversation, et m'attachaient intimément à sa maison ou j'allais journellement et y mangeais fréquemment avec Jean-Jacques dont elle avait déjà commencé l'éducation, usant toujours d'un ton de maman tendre et bienfaisante, y mêlant de temps à autre celui de bienfaitrice, auquel Jean-Jacques répondait toujours avec docilité et même soumission.

« Après quelques années de séjour à Chambéry elle prit une campagne à portée de la mienne, ce qui continuait à me mettre à même de lui faire plus frequemment ma cour et Jean-Jacques de me voir journellement. Son gout décidé pour la lecture faisait que madame de Warens le sollicitait vivement pour qu'il se livrât tout entier à l'étude de la médecine, ce à quoi il ne voulut jamais consentir. Comme je le voyais tous les jours et qu'il me parlait avec confiance, je ne pouvais douter de son gout décidé pour la solitude et je puis dire un mépris inné pour les hommes, un penchant déterminé à blamer leurs défauts, leurs faibles ; il nourissait en lui une défiance constante en leur probité. Ce fut dans cette maison de campagne qu'il commença à barbouiller du papier, soit en vers, soit en prose sur différens sujets dont il me faisait lecture plutôt je crois comme à son voisin que pour se décider par mes lumières, en quoi il pensait très juste. Etant arrivé à Paris, il fit imprimer, pour son coup d'essai, une méthode qu'il avait forgé aux Charmettes, pour apprendre parfaitement la musique en moins de trois mois ; heureusement pour Jean-Jacques cette brochure tomba entre les mains du savant aristarque de ce temps là, je veux dire du fameux abbé Desfontaines. Quand je vous dis heureusement, monsieur le comte, je ne parle que d'après Jean-Jacques qui me dit qu'ayant été pulvérisé en tout sens et en tout genre et avec toutes raisons par le dit docte abbé, il lui avait prouvé qu'il ne savait encore rien, pas même écrire français, et qu'il fallait lire et apprendre à lire, avant que de vouloir écrire et dès lors je m'appliquais à profiter de cette juste leçon et je quittais la plume.

« Revenons à cette aimable femme. Malheureusement pour elle, n'ayant nul gout pour les ouvrages auxquels l'éducation accoutume son sexe, la ressource de la lecture dont son esprit était déja orné ne suffisait pas a la vivacité de son imagination, et pour s'occuper elle entreprit de former une compagnie pour faire exploiter une minière dans la province de Maurienne dont ses associés et elles furent les dupes. Son esprit toujours entreprenant la fit encore succomber dans d'autres entreprises, dont le succès ne fut pas plus heureux (1). Ce fut dans

(1) Madame de Warens avait établi à Chambéry une fabrique de savon. Nous trouvons à ce sujet, dans le volume des

cette maison attenante à la mienne qu'elle forma ses ruineux projets ; heureuse si le gout de l'agriculture avait remplacé ces premiers, il aurait décidé la tranquillité et la douceur de sa vie et aurait suffi, joint aux pensions qui lui restaient au bien être modeste de ce qu'il lui fallait, car je vous dois la justice de vous dire que ses entreprises de richesse ne lui étaient point inspirées par la cupidité d'en jouir, mais bien plus surement pour en procurer à ses associés, car la générosité et la libéralité étaient au nombre des autres qualités de son cœur.

« Après le départ de Jean-Jacques, je continuais de la voir et souvent j'allais lui

délibérations du conseil de la ville de Chambéry, sous date du 5 août 1744, ce qui suit :

« Sur le rapport fait par le premier sindic que Madame « la comtesse de Warans de la Tour l'a prié de lui procurer « une permission pour le débit du savon qu'elle fait fabri- « quer, la ville a délibéré d'accorder la dite permission pen- « dant le bon plaisir de la ville. »

Elle en envoya à Rousseau. (Voir sa lettre de remercîment du 25 fév. 1745.) (Note de M. C. Guillermin.)

porter de ses nouvelles quand je soupçonnais qu'elle en manquait (1).

« Enfin cette charmante et digne femme, sans argent et j'ose quasi dire sans crédit et accablée de dettes, eut l'heureuse ressource de plaire à un vieux seigneur de la première distinction qui fournit durant qu'il vécut, aux journaliers nécessaires de la subsistance de cette malheureuse baronne ; mais le noble désintéressement dont son âme avait toujours été pénetrée, ne lui suggéra jamais de confier à ce vieux seigneur le triste et inévitable avenir qui la menaçait. Aussi après cette perte se vit-elle forcée de mendier, pour ainsi dire, un recoin de chaumière dans un des fauxbourgs où elle n'a végétée que par les secours et soins charitables de ses voisins, qui n'étaient tant s'en faut dans l'aisance.

(1) Mme de Warens habita les Charmettes pendant onze ans environ, et céda le bénéfice de son bail à un nommé Viale, au printemps de 1749. Elle occupa ensuite la maison d'Allinges, au Reclus, et vint finir ses jours à Nezin, maison Crépine, où elle mourut le 29 juillet 1762.

(Note de M. C. Guillermin.)

« Finalement accablée de différents maux qui la retenaient au lit, depuis plus de deux années, elle succomba avec tous les sentiments d'une femme forte et bonne chrétienne.

« J'ai toujours condamné Jean Jacques qu'elle avait décoré du nom de son fils adoptif, en premier lieu d'avoir préféré les intérêts de Lavasseur à ceux d'une maman aussi respectable pour lui, en tous sens, que l'était peu sa blanchisseuse Lavasseur ; il aurait bien du suspendre son orgueil de tems à autre et ne travailler que pour gagner son indispensable nécessaire, pour restituer tout au moins en partie, ce qu'il avait couté à sa généreuse bienfaitrice.

« Voicy, monsieur le comte, un brouillard, ou pour mieux dire un bavardage que je n'ai pu vous communiquer plutôt par la répugnance que j'avais d'hazarder ce petit détail que je vous avais offert imprudemment en ne songeant qu'à l'envie que vous aviez d'en avoir un ; je ne vous l'envoie que dans l'intime persuasion que vous le rectifierez J'aurais pu lui donner plus d'étendue, bien sur que vous l'auriez rendu précis et orné de ce charmant style que je vous connais ; mais je vous le répète, monsieur le comte, ma répugnance à rapporter des faits flétrissans Jean Jacques et d'ailleurs me sentant si peu propre à narrer je ne suis pas allé plus loin : le seul avantage dont j'ose me flatter, est, que le sacrifice que j'ai fait de mon amour propre en votre faveur vous prouvera tout au moins les sentimens distingués avec lesquels j'ai l'honneur d'être,

« Monsieur le comte,

« Votre très humble et affectionné serviteur

« Conzié des Charmettes. »

M. C. Guillermin ajoute : « nous avons vu par le récit intéressant de M. de Conzié que madame de Warens était morte à Chambéry, dans une chaumière du faubourg Nezin Cette maison, qui appartenait à cette époque à M. Crépine, existe encore aujourd'hui et se trouve dans le même état de vétusté et de délabrement que lorsqu'elle l'habitait. Elle est située un peu au-dessous de l'entrée principale de l'établissement de

M. Martin Burdin, pépiniériste, et porte le numéro 27.

« M. Benoit l'aîné, qui l'a acquise de M. Marie Crépine par contrat du 18 juin 1813, en est le propriétaire maintenant. »

Ces lignes étaient écrites en 1856.

La maison mortuaire de Mme de Warens existe encore. En 1886, elle portait le n° 62 du faubourg Nezin.

TABLE DES MATIERES

A CHAMBÉRY
DES PRESSES DE C.-P. MÉNARD
Imprimeur
HÔTEL D'ALLINGES, RUE JUIVERIE, 20
Tiré le 1er Juin 1886
Sur machines Marinoni avec moteur à gaz.

www.ingramcontent.com/pod-product-compliance
Ingram Content Group UK Ltd.
Pitfield, Milton Keynes, MK11 3LW, UK
UKHW020546180726
13838UKWH00001B/61

9 782329 468136